서울에 와 있는
미카엘 천사장 만나다

서울에 와 있는 미카엘 천사장 만나다

발행일	2025년 2월 14일		
지은이	한다니엘	감수	마리아엘
펴낸이	손형국		
펴낸곳	(주)북랩		
편집인	선일영	편집	김현아, 배진용, 김다빈, 김부경
디자인	이현수, 김민하, 임진형, 안유경	제작	박기성, 구성우, 이창영, 배상진
마케팅	김회란, 박진관		
출판등록	2004. 12. 1(제2012-000051호)		
주소	서울특별시 금천구 가산디지털 1로 168, 우림라이온스밸리 B동 B111호, B113~115호		
홈페이지	www.book.co.kr		
전화번호	(02)2026-5777	팩스	(02)3159-9637

ISBN   979-11-7224-476-7 03230 (종이책)   979-11-7224-477-4 05230 (전자책)

(주)북랩 성공출판의 파트너

북랩 홈페이지와 패밀리 사이트에서 다양한 출판 솔루션을 만나 보세요!

홈페이지 book.co.kr   •   **블로그** blog.naver.com/essaybook   •   **출판문의** text@book.co.kr

작가 연락처 문의 ▶ ask.book.co.kr

작가 연락처는 개인정보이므로 북랩에서 알려드릴 수 없습니다.

서울에 와 있는
미카엘 천사장 만나다

한다니엘 지음
마리아엘 감수

천국에서 미카엘 천사장이 흰말 타고 대한민국에 왔으며
드디어 2011년에 큰 환란이 시작되었다

북랩

인류 역사상 21세기처럼 특별하고도 중요한 시대는 없습니다. 지난 2천 년을 쉴 새 없이 달려온 온 인류가 머지않아 예수 그리스도의 다시 오심을 볼 수 있는 시대에 살고 있습니다.

세상 끝에 천사를 보낸다는 말씀은 예수 그리스도께서 말씀하신 **'밭의 가라지 비유'**(마태복음 13장 36~43절)에 예언되어 있으며, **"추수 때는 세상 끝이요 추수꾼은 천사들이니"**(마태복음 13장 39절)라고 분명하게 말씀하고 있습니다.

매우 놀라운 일은 '밭의 가라지 비유'에 예언한 대로 천사들이 이미 2009년 5월부터 한국에 와서 추수사역을 시작하였다는 점입니다.

또 이 책에는 다니엘 12장 1절에 예언된 군대장관 미카엘이 2만 명의 부하 천사들과 함께 2010년 9월부터 한국에 와서 추수사역과 하늘의 영적 전쟁을 수행하고 있음을 선포하고 있습니다.

21세기에 천사의 총대장 미카엘 천사장이 대한민국에 나타났다는 사실은 엄청난 큰 의미가 있습니다.

첫째로 21세기에 미카엘 천사장이 대한민국에 등장한 일은 신구약 성경에도 없는 매우 이례적인 일에 속합니다.

하나님께서 미카엘을 대한민국에 보낸다는 사실은 지구상의 모든 나라 중에 하나님께서 대한민국을 가장 사랑하고 계신다는 의미이기도 합니다.

둘째로 미카엘 천사장이 2만 명의 대군을 이끌고 한국에 온 것은 주 예수 그리스도의 재림을 준비하는 일이므로 세상 끝 날이 가까이 왔음을 우리에게 알려 주고 있습니다.

셋째로 미카엘 천사장이 천국에서 지구상에 온 것은 이로 인하여 살아 계신 하나님이 계시다는 사실과 천국이 반드시 있다는 사실을 우리에게 증거해 주고 있습니다.

넷째로 하나님께서 미카엘을 이 땅에 보내신 것은 외계뿐만 아니라 지구상에 있는 모든 악한 영을 처리하고 모든 악의 세력을 진멸하며 청소하기 위함임을 알 수 있습니다.

미카엘 천사장이 대한민국에 나타난 목적은 다니엘 12장 1절에 기록이 되어 있습니다.

"그때에 네 민족을 호위하는 대군 미가엘이 일어날 것이요 또 환난이 있으리니 이는 개국 이래로 그때까지 없던 환난일 것이며 그때에 네 백성 중 무릇 책에 기록된 모든 자가 구원을 얻을 것이라."

그렇습니다. 미카엘 천사장이 인류 역사상 가장 큰 환란 때 등장할 것이라고 말씀하고 있고, 미카엘이 이 땅에 온 목적은 생명책에 기록된 알곡 성도들을 구원하기 위함입니다. 여기에서 **무릇 책에 기록된 모든 자**란 알곡 성도로서 이마에 하나님의 인을 받은 모든 성도들을 가리킵니다.

그동안 하나님께서 계시록 5장 1절에 하늘의 비밀이 들어 있는 책을 일곱 인으로 봉해 두었는데 때가 되자 계시록 10장 2절의 '펴 놓인 작은 책'에서 하늘의 비밀을 공개하기로 작정하십니다.

계시록 10장 1~2절입니다.

"1. 내가 또 보니 힘센 다른 천사가 구름을 입고 하늘에서 내려오는데 그 머리 위에 무지개가 있고 그 얼굴은 해 같고 그 발은 불기둥 같으며 2. 그 손에 펴 놓인 작은 책을 들고 그 오른발은 바다를 밟고 왼발은 땅을 밟고"

여기에서 **'작은 책'**이란 창조나, 계시록 등 하늘의 비밀이

서울에 와 있는 미카엘 천사장 만나다

들어 있는 두루마리를 가리킵니다. 또 '펴 놓인 작은 책'이란 '펴 놓인 작은 책'을 들고 있는 '힘센 다른 천사'인 미카엘 천사장(계 10장 1절)이 세상에 오게 될 때 하늘의 비밀을 공개한다는 뜻입니다.

미카엘이 2010년에 한국에 오게 되자 성령 하나님께서 **'작은 책'**의 내용을 처음으로 선지자 엘리야를 통해 세상에 공개하도록 허락하셨습니다.

'펴 놓인 작은 책'을 들고 있는 미카엘 천사장에게 창조나 계시록 해석 등 하늘의 비밀에 대하여 질문을 하면 그때마다 많은 하늘의 비밀을 받았으며 이 책에서 공개하고 있습니다.

예를 들면, 창세기 1장 1절의 태초는 35억 년이고, 욥기 1장에 나오는 동방사람 욥이 한국 사람이고 욥과 셈이 동일 인물인 점, 그리고 이스라엘 민족의 조상이 한국 민족으로부터 파생된 점 등 수많은 의문점에 대한 답을 받은 바 있습니다.

이 책이 발행되기까지 보이지 않는 곳에서 세밀하게 문안을 검토하고, 교정 및 교열해 주신 분들과 중보 기도를 해 주신 많은 분들에게 고마운 마음을 전합니다. 특별히 이 책의 감수를 맡아 주신 하나님의 인 가진 마리아엘 천사에게

깊이 감사를 드립니다.

너무 감사한 것은 한 문장 한 문장을 집필할 때마다 온전히 성령 하나님께서 성령으로 감동을 주심으로 가능했음을 고백합니다. 이 책을 출판하도록 허락해 주신 우리 하나님께 무한한 감사와 찬송과 영광을 돌려 드립니다. 할렐루야!

2025년 2월
저자 한다니엘

창세 전에 광활한 우주 공간에서 흰말을 타고 어딘가로 힘차게 달리는 한 천사가 있었다. 커다란 날개 달린 흰말이 달려가는 속도는 얼마나 빠른지 빛의 속도의 수백만 배나 되어 보였다.

천사는 우주 공간을 달리고 또 달려가도 아무런 지친 기색이 없었다. 그는 칠흑같이 어두운 공간을 수천만 마일이나 달려가도 아무것도 없는 공허한 공간임을 알게 되었다.

천사가 멈추어 섰다가 오던 길로 되돌아가려고 돌아선 순간 매우 먼 곳에서 강렬한 빛 덩어리가 그를 향하여 다가오고 있었다. 하나님이 가까이 왔을 때 그 천사 주변이 엄청나게 밝은 빛으로 가득 찼다.

한쪽에서 이글거리며 타는 듯한 빛 덩어리가 다가오자 하나님의 위엄 앞에 마이클은 잠시 움찔하였다. 이내 밝은 형상을 가진 성자 하나님이 웃으면서 다가오더니 우렁찬 소리로 천사를 향하여 **"마이클! 마이클!"**이라고 불렀다. 마이클(Michael)은 영어 이름이고 히브리어로 미가엘이다.

이때 하나님께서 다시 마이클에게 말씀하셨다.

"마이클은 너의 이름이란다. 나는 너를 만든 하나님이니라. 너는 내 아들이다."

마이클은 자신을 부르는 소리를 듣자 드디어 마음이 놓였다. 자신의 곁에 밝은 얼굴로 맞아 주는 누군가가 있기 때문이다.

너무나도 신기한 것은 마이클에게 아무도 영어를 가르쳐 주지 않았지만 태어나자마자 영어로 된 하나님의 말을 알아듣게 되었다는 점이다.

하나님께서는 온 우주 만물을 창조하시기 전에 가장 먼저 키가 8m나 되는 마이클을 만들었는데 마이클에게는 6개의 날개도 생겼다. 또 마이클의 얼굴 모양이 사자 모습, 사람 모습, 소 모습, 독수리 모습의 네 종류의 모습으로 수시로 변하는 그런 존재로 만들었는데 발바닥에는 구르는 바퀴 4개가 달려 있었다.

하나님께서는 이렇게 네 종류의 모습으로 만든 마이클의 변화무쌍한 모습을 보면서 크게 만족하셨다.

이때 성자 하나님께서 투구를 가지고 와서 마이클의 머리에 씌워 주었다. 마이클은 투구를 벗더니 좌우로 살펴보다가 머리에 썼다.

또 성자 하나님이 활과 화살통을 가지고 와서 마이클에게 주었다. 그러자 마이클은 화살 하나를 꺼내더니 위로 하늘 높이 활을 힘차게 당겨 공중으로 날려 보냈다. 이때 화살은 공중으로 10㎞ 이상이나 날아 올라갔다. 이내 마이클은 재빨리 다가가서 큰 원을 그리며 떨어지는 화살을 손으로 잡아 화살통에 꽂았다.

다음에는 성자 하나님이 긴 칼 두 개를 가지고 와서 마이클 허리 좌우에 꽂아 주었다. 마이클이 오른손으로 좌측의 칼을 뽑아서 좌우로 힘차게 흔들어 보고 앞을 향하여 찔러 보았다. 마이클이 앞을 향하여 칼을 힘차게 몇 번 더 찔렀더니 칼이 10m, 20m씩 점차 늘어났다.

마이클이 좌우 양손으로 칼을 하나씩 잡고 칼끝을 좌우로 흔들면서 소리 질렀다.

"야아앗! 야아! 아앗!"

이내 마이클은 두 칼을 칼집에 꽂은 다음, 하나님 앞에 무릎을 꿇고 고백하였다.

"하나님 아버지, 저를 만드신 아버지를 찬양합니다. 저에게 큰 선물을 주셔서 감사를 드립니다. 높으신 하나님을 찬양합니다. 사랑합니다. 무슨 일을 맡겨 주시든지 충성을 다하겠습니다."

하나님께서 무릎을 꿇고 있는 마이클에게 다가가 머리에 손을 얹고 축복하였다.

"나의 사랑하는 아들 마이클을 축복한다. 내가 마이클에게 온갖 지혜와 창조의 권능을 부어 주노라. 내가 우주 만물을 만들 때 나를 돕는 창조의 장인이 되어라. 이제부터 성령의 큰 불이 마이클을 통해 흘러넘치게 되리라. 이제부터 너는 나와 유사한 권능을 갖게 되리라. 내 아들 마이클을 축복하노라."

성자 하나님께서 마이클을 일으켜 세우며 말하였다.

"마이클, 내가 너의 등을 밀어 줄 거야. 먼 여행을 다녀오거라."

"네. 하나님."

성자 하나님이 마이클의 등을 미는 순간 엄청난 빠르기로 마이클은 흰말을 타고 텅 빈 공간을 달려가고 있었다. 마이클은 어느새 수만 ㎞를 달려갔다. 우주 공간에는 공기가 없

서울에 와 있는 미카엘 천사장 만나다

고 공기 저항이 없으므로 하나님이 마이클을 밀기만 하여도 한없이 달려갈 수 있었다.

이때 성자 하나님이 마이클에게 다가가서 손을 잡아 둥그렇게 원을 그리면서 방향을 반대로 바꿔 주었다. 마이클이 성부 하나님 앞에 돌아왔을 때 성자 하나님이 마이클을 잡아 멈추게 하였다.

엘리야 선교사가 사진 찍었는데 사진 안에 여러 명의 천사가 찍혀 있어요.
영적인 눈이 열린 사람들은 볼 수 있어요. 숨어 있는 천사를 찾아보세요.

제1편

천사와의 대화

1.
천사는 누구인가

어떤 사람이 천사를 만났다면, 누구나 천사를 만났다는 일에 대하여 의아해합니다. '어떻게 해서 만나게 되었는지', '천사가 어떻게 생겼는지', '천사와 대화를 나누어 보았는지', 그리고 '어떤 도움을 받았는지' 등 매우 궁금해 합니다.

그러나 천사가 나타났다고 하면, 도리어 실감이 나지 않습니다. 왜냐하면, 천사는 실제로 눈에 보이지 않는 영적인 존재이기 때문일 것입니다.

'천사는 어떻게 생겼을까?', '천사가 정말로 존재하는 것일까?', '천사가 눈에 보이는가?', '천사를 만나고 있는 사람이 있나?' 등 많은 의문을 갖게 합니다.

어느 종교보다 더 기독교에서는 천사가 정말로 존재한다

고 알려 주고 있습니다. 하나님께서는 천사를 '하나님의 사자'라고 부르면서 천사들에게 여러 가지 많은 일들을 시키고 있습니다. 특히 신구약 성경을 읽어보면, 통틀어 수백 번이나 천사에 대하여 언급을 하고 있으며, 성경 66권 중에서 34권에 '천사'들이 등장하고 있습니다.

천사에 대한 궁금증을 해결하려고 한다면, 사실상 천사들을 직접 만나서 이들에게 직접 물어보거나, 하나님께 자세한 설명을 듣는 도리밖에 없을 것입니다. 마침 한국에 추수 사역을 하려고 미카엘 천사장을 위시하여 거의 2만 명 이상의 천사들이 와 있으므로 천사들에게 자세하게 물어서 우리의 궁금증을 해결하고자 합니다.

천사에 대하여 많은 의문점들이 있지만 우선 천사는 누가, 언제 만들었는지 그 기원을 먼저 알아보고자 합니다. 그리고 천사장이나 천사들이 가진 그 생김새와 특징, 그리고 그들이 하는 일을 알아보도록 하겠습니다.

특히 우리선교회 엘리야 선교사가 천사들 수천 명을 거느리고 있고 대낮에도 눈으로 보고 있으므로 그에게 직접 답을 듣도록 하였으며, 궁금한 사항들은 그에게 와 있는 천사들에게 물어서 직접 알아보았습니다.

서울에 와 있는 미카엘 천사장 만나다

천사의 창조

천사는 어떻게 생겨났을까요? 골로새서 1장 16절에 말씀한 대로 천사도 피조물이며, 눈에 보이지 않는 천사도 하나님께서 창조하신 존재들인 것을 알 수 있습니다.

"만물이 그에게 창조되되 하늘과 땅에서 보이는 것들과 보이지 않는 것들과 혹은 보좌들이나 주관들이나 정사들이나 권세들이나 만물이 다 그로 말미암고 그를 위하여 창조되었고"(골 1장 16절)

하나님께서 언제 천사들을 창조하셨을까? 창세기를 보면, 하나님께서 천사의 창조에 대하여 전연 언급하지 않고 있습니다. 그러므로 하나님께서 천사를 언제 창조하였는지를 자세하게 아는 사람은 아무도 없습니다.

그러나 다행하게도 하나님께서는 천사 창조의 시기에 대하여 라파엘 천사장을 통하여 처음으로 알려 주셨습니다. 엘리야 선교사 곁에 있는 라파엘 천사장에게 하나님께서 천사를 언제 창조하셨는지를 질문한 적이 있었습니다. 그러자 라파엘 천사장은 하나님의 뜻을 따라 천사들의 창조 시기에 대하여 알려 주었습니다.

라파엘 천사장은 "5억 년 전에 창조한 천사장이나 천사들이 있고 3억 년 전에 창조한 천사장이나 천사들도 있으며,

일반 천사들은 1억 년에 창조한 것"이라고 분명하게 대답해 주었습니다. 특별하게 하나님께서 미카엘 천사장만은 하나님께서 3,000억 년 전에 창조하였다고 말해 주었습니다.

주 예수께서는 마가복음 12장 25절에서 **"사람이 죽은 자 가운데 살아날 때에는 장가도 아니 가고 시집도 아니 가고 하늘에 있는 천사들과 같으니라"**고 천사들에 대하여 간접적으로 설명하신 적이 있습니다.

그러므로 천사들은 천국에 있는 사람들처럼 결혼을 하지 않으므로, 지금까지 사람처럼 자손을 퍼뜨리지 않았습니다. 모든 천사들은 하나님께로부터 한 천사씩 개별적인 존재로 지음을 받았음을 알 수 있습니다.

요한계시록 5장 11절에 보면, 천사들의 수를 기록하고 있으며, **"그 수가 만만(萬萬)이요 천천(千千)이라"**라고 기록했습니다. 여기에서 하나님께서 창조한 천사들의 숫자는 1억 명과 1백만 명을 더한 숫자, 곧 1억 1백만 명이라 알려 주고 있습니다. 그러나 루시퍼 천사가 교만하여 하나님께로부터 책망을 받아 루시퍼 천사와 함께 천사 1/3가량이 하늘에서 쫓겨났으므로 실제 천사의 숫자는 1억 1백만 명의 2/3 수준입니다.

천사는 사람보다 '지혜와 능력이 더 뛰어난 존재'들입니다. 또 천사들은 저마다 인격을 지닌 존재이며, 하나님을 섬길 목적으로 죄 없는 존재로 지음 받았습니다.

천사장 및 천사의 생김새

천사에는 남자 천사가 있고 여자 천사가 있습니다. 또 7, 8세 정도 되는 아기 천사가 있고 16, 17세 되는 소년(또는 소녀) 천사가 있으며, 나머지는 모두 20대 중반의 성인 천사로 구성되어 있습니다. 천사는 영원토록 아기 천사 또는 소년(또는 소녀) 천사대로 또는 성인 천사 그대로를 유지합니다.

천사들의 몸의 형태는 투명하고 천연색이며 천사의 모습은 레이저 쇼를 할 때 사람이 등장하여 움직이고 춤을 출 때 본 그러한 투명한 사람의 모습과 유사합니다.

머리는 갈색이나 금발 또는 검은색의 머리 색깔을 띠고 있고, 어깨까지 늘어져 있습니다. 그리고 파랗거나 갈색의 눈빛을 띠고 있으며, 미모가 매우 뛰어나다고 합니다.

얼굴 모습은 밝고 늘 웃는 얼굴을 하고 있습니다. 특히 천사들 중에는 영화배우 '산드라 디'나 '엘리자베스 테일러'의 얼굴 모습과 닮은 천사도 있다고 합니다.

여자 천사의 키는 1m 75㎝에서 1m 90㎝ 정도이고 남자 천사는 보통 2m 수준이지만, 군대장관 미카엘 천사장의 키는 8m이고 미카엘의 부하 천사들은 5~7m 정도 됩니다.

여자 천사들은 드레스 모양을 한, 훤히 비치는 엷은 흰옷(세마포)을 입고 있으며, 옷소매가 길고 드레스 아래는 무릎 아래에까지 길게 늘어져 있습니다. 남자 천사는 저고리와 바지로 나누어진 옷을 입고 있습니다. 천사들은 덧버선 같은 신을 신고 다닙니다.

천사들의 몸은 투명하지만, 생식기가 눈에 보이며, 여자 천사는 가슴이 돌출되어 있고 남자 천사는 남자 것의 생식기가 돌출되어 보입니다.

천사들에게는 날개가 4개 달린 천사가 있고 여섯 개가 달린 천사들도 있습니다. 날개가 넷인 경우, 큰 날개 두 개와 매우 작은 날개 두 개가 등 뒤에 달려 있습니다. 이 중 깃털 모양을 한 큰 날개는 어깨에서 위로 머리끝까지 올라갔다가 무릎까지 내려오는 정도의 크기이며, 작은 날개는 뒤쪽에 있으므로 정면에서 천사를 보면 작은 날개는 보이지 않습니다. 천사들이 공중에 떠 있으면서 아래를 볼 때에는 날개를 펴고 있으나, 지상에 서 있을 때 날개를 접으면 정면에서 볼 때 날개가 보이지 않습니다.

서울에 와 있는 미카엘 천사장 만나다

천사의 실제 모습

　몇 년 전부터 실제 천사의 모습이 동영상에 찍혀서 많은 사람들에게 소개되고 있습니다. 영적인 존재인 천사의 모습이 동영상에 찍히다니 너무 신기합니다.

　어쩌면 세상 종말이 가까워짐에 따라 하나님께서 천사의 모습을 동영상에 찍히도록 허용한 것으로 판단이 됩니다.

　그동안 YouTube에 널리 알려진 천사 동영상을 소개합니다.

※ 실제 카메라에 잡힌 5명의 천사 동영상 모음
https://youtube/Kc92S9IAgf0

모든 천사들은 모두 날개 달린 영적인 하늘의 말을 타고 다닙니다. 천사들의 말에는 흰색, 붉은색, 검은색, 청황색 말 등 여러 색깔의 말이 있습니다. 천사들은 거의 빛 속도의 10배 이상의 빠른 속도로 말을 타고 날갯짓을 하며 다닙니다.

미카엘 부하 군사 천사 중에 남자 천사들은 하나나 두 개의 뿔이 달려 있으며 여자 천사 중에 뿔이 달린 천사도 있습니다. 미카엘 천사장은 양 허리에 두 개의 큰 칼을 차고 있으나, 그의 부하 군사 천사들은 모두 한 개의 칼을 차고 있습니다. 특히 군사 천사들은 매우 무섭게 생겼으며, 여자 군사 천사들도 있으나 대부분 남자 모습의 천사들입니다.

천사들의 총 대장은 미카엘 천사장이고, 그 아래 부대장으로 마리아엘 천사가 있으며, 또 일곱 천사장으로 구성되어 있습니다. 일곱 천사장 이름을 소개하면 미카엘, 가브리엘, 우리엘, 라파엘, 라구엘, 사라카엘, 레미엘 천사장입니다. 일곱 천사장 중에 가브리엘과 우리엘 두 천사장은 여자 천사장이고 나머지는 남자 천사장입니다.

사람들이 루시퍼에 대하여 잘못 알고 있는 내용이 있습니다. **루시퍼 천사**는 천사장이 아니고 그의 이름이 루시엘도 아니며, 또 일곱 천사장에 이름이 들어 있지 않습니다. 특히 루시퍼는 결코 음악을 담당하는 천사장이 아니며 음악 담당하는 천사는 여자 천사인 에스더 천사입니다. 루시퍼에 대한 거짓 정보에 속지 않도록 주의해야 합니다.

천사들에게는 각각 나름대로 하나님께로부터 받은 은사가 다릅니다. 예를 들면 죽은 영혼을 천국에 안내하는 천사, 병 고치는 은사가 있는 천사, 일기를 미리 알려 주는 천사, 찬양을 잘하는 천사 등 천사들도 역할이나 은사가 다릅니다.

천사와 마귀 어떻게 다른가

천사와 사단은 영적인 존재이고 또 보통 사람의 눈에 보이지 않습니다. 그러나 천사는 하나님의 명령에 따라 움직이는 선한 존재들입니다.

그렇다면 사단이나 마귀에는 어떤 종류가 있을까요? 또 어떠한 생김새를 하고 있을까요? 하나님께서 '퍼 놓인 작은 책'(계 10장 2절)에 들어 있는 하늘의 비밀로부터 엘리야 선교사에게 사단과 마귀의 정체에 대하여 정확하게 알려 주었습니다.

사단이나 마귀는 출신은 같지만 사단과 마귀는 다르게 구별합니다. 사단은 마귀들의 리더들이며 생김새 자체가 마귀와 다릅니다. 사단은 마귀보다 몸집이 더 크고, 키도 3m 이상이나 되며, 매우 험상궂게 생겼습니다. 그리고 사단의 우두머리는 바알세불인 루시퍼입니다.

사단이나 마귀에는 여러 종류가 있습니다. 타락한 천사 출신의 사단과 마귀(광명의 천사라 칭함)가 있고, 또 모든 종류의 동물이나 짐승들이 죽을 때 그것들의 혼이 변한 사단이나 마귀들이 있습니다. 후자의 사단 마귀들은 동물이나 짐승의 종류만큼 있게 되므로 용 모습의 사단, 뱀 모습, 박쥐 모습이나 거미 모습, 악어 모습 등 엄청나게 많은 사단 마귀들이 있습니다.

사단 마귀의 하는 일은 시험하는 자로서 사람들을 유혹하고, 속이고, 인류를 파멸 속에 빠뜨리는 일을 계속하고 있습니다. 그들은 하나님 앞에서 인간들의 죄와 허물을 비방하고 고발하고 있으며, 인간들을 죄 속에 빠지게 하는 일을 하고 있습니다. 또 이 땅에서 사람들을 거짓된 행동을 하게 하고, 남을 욕하고 미워하고 시기하게 하고, 병들게 하고 불행하게 만들고, 정신적으로 불안하게 만들며, 싸우고 죽이는 등 모든 악한 일을 충동하고 그렇게 행동하도록 만들고 있습니다.

특히 사단 마귀는 이 세상 권세를 쥐고 있을 뿐만 아니라 나무나 모든 건물에 많은 마귀가 붙어 있고 방 안에도 들어와 우글대고 있으며 사람들의 몸 안에 들락거리기도 합니다. 사단이나 마귀, 그리고 귀신들은 사람 뱃속에 들어가 상주하고 있습니다.

보통 성도들의 몸 안에는 마귀가 30마리 이상 들어가 있으나 때로는 수백 마리의 악한 영들이 들어가 있으며, 사람에 따라 다르게 들어가 있습니다. 또 주 예수를 믿지 않는 사람들이나 병든 분들에게는 매우 많은 악한 영들이 들어가 상주하고 있습니다. 얼마나 끔찍한 일입니까?

'펴 놓인 작은 책'(계 10장 2절)을 들고 있는 미카엘 천사장(계 10장 1절의 '힘센 다른 천사')의 해석에 의하면, 2013년부터 세계 여러 곳에 출몰하였던 모스맨이라 불리던 박쥐 모양 괴생물체의 모습이 바로 사단 마귀의 생김새라고 알려 주었습니다.

타락한 천사로부터 생겨난 사단이나 마귀는 대부분이 매우 건장한 남자의 모습을 하고 있으나, 여자의 모습을 한 것들도 있습니다. 사단이나 마귀의 몸 형태는 몸통 속이 불투명하여 보이지 않으며 얼굴 색깔은 까무잡잡하거나 흰색이고 눈이 하나 또는 둘을 가지고 있습니다. 그들의 이마에 뿔이 하나가 있거나 머리에 소처럼 두 개의 뿔이 나 있습니다.

어떤 것들의 뿔은 이마에 마치 코뿔소와 같이 50~80cm 정도의 길고 끝이 뾰족한 뿔이 달려 있는 것들도 있고, 사람의 몸을 그 뿔로 찌르며 공격하기도 합니다. 그들의 등에는 두 날개가 있고, 눈에서는 붉은색의 무서운 빛을 발하며, 얼굴 모양이 매우 무섭다고 합니다. 마귀는 보통 검은색 옷을 입고 있으나 어떤 때에는 옷 색깔이 붉은색으로, 또는 흰색으로 변하기도 합니다.

실제 사단 모습

서울에 와 있는 미카엘 천사장 만나다

보통 사단 마귀의 모습의 특징은 검은색의 큰 날개를 지니고 있고, 몸에도 검은색의 투명한 옷을 입고 있으며(때에 따라 흰색의 옷으로 나타남), 눈에서 붉은빛을 발하고 있어서 매우 무서운 모습입니다.

귀신에 대하여 성경학자들에 따라 해석이 분분합니다. 실제로 귀신은 주 예수를 믿지 않는 사람들이 죽을 때 그들의 영혼이 귀신으로 변한 것이며, 사람으로부터 생겨난 것들입니다. 주 예수를 믿지 않는 사람들의 영혼은 죽으면 귀신으로 변하게 되며 곧바로 마귀의 졸개가 되어 마귀가 하라는 대로 따라다닙니다.

천사가 하는 일

유다서 1장 14절 하반 절에 **"보라 주께서 그 수만의 거룩한 자(천사)와 함께 임하셨나니"**라는 말씀대로 한국 땅에 하나님께서 추수사역을 위해 2010년 11월까지 무려 2만 명 이상의 천사들을 보내셨습니다. 이런 일은 신구약 성경 이후에 처음 있는 일이며, 매우 놀라운 일 중의 하나입니다.

그 많은 천사들이 한국에 왜 왔을까? 천사들이 무슨 일을 하려고 그렇게 많은 인원이 동원되었을까? 그런 의문을 제기하는 사람들도 있습니다. 그러나 천사들이 하는 일이나, 천사들에 대한 지식이 부족한 사람들을 많이 보게 됩니다.

하나님이 천사를 만들 때에는 확실한 어떤 목적이 있어서 만든 것입니다. 천사들로 하여금 하나님의 말씀대로 어떤 일을 행하게 하도록 하기 위하여 만드셨을 뿐만 아니라, 하나님께 시중들며, 그의 뜻을 따라 어떤 일이든 수행하도록 하기 위해 보낸 것입니다.

"능력이 있어 여호와의 말씀을 이루며 그의 말씀의 소리를 듣는 너희 천사여 여호와를 송축하라"(시 103:20)

"여호와를 봉사하여 그 뜻을 행하는 너희 모든 천군이여 여호와를 송축하라"(시 103:21)

먼저 하늘의 높은 계급에 속한 일곱 천사장의 하는 일에 대하여 알아보겠습니다. 일곱 천사장의 하는 일은 외경인 에녹서에 자세하게 기록되어 있습니다.

미카엘(Michael) 천사장은 하나님의 군대 장군으로서 영적 전쟁을 수행하고 있고(계 12장 7~9절), 하나님의 택함을 받은 백성을 보호하고 있으며, 끝 날에는 생명책에 기록된 성도들을 구원해 주는 역할을 합니다(단 12장 1절).

가브리엘(Gabriel) 천사장은 거룩한 천사로서 뱀과 에덴의 동산과 그룹을 지켜보는 역할을 하고 있습니다.

우리엘(Uriel) 천사장은 거룩한 천사로서 지구상의 기후를 조정하고 관장하는 일을 하며, 세계와 타르타로스(지하 세계의 심연)를 지키는 역할을 합니다.

라파엘 천사장은 각종 질병의 고통 속에 있는 사람들을 하나님의 뜻을 따라 치유해 주는 천사이며, 인간의 영혼을 지키는 일을 합니다.

라구엘(Raguel) 천사장은 거룩한 천사로서 천사들의 선행을 감시하며 천사가 두려워하는 내부 감시 역할을 하고 세계와 빛에 복수합니다.

사라카엘(Sarakael) 천사장은 거룩한 천사로서 영혼을 죄로 꾀어내는 인간 아들들의 영혼을 지키는 일을 합니다.

레미엘(Remiel) 천사장은 부활을 기다리는 영혼을 관리하고, 하나님이 부활시킨 자들을 지켜 주는 일을 주관합니다.

다음에는 하나님이 일반 천사들을 통하여 무슨 일을 하도록 하고 있는지를 성경을 근거로 하여 자세하게 알아보도록 하겠습니다.

첫째, 천사들은 하나님의 말씀을 대신하여 예고하거나 고지하는 일을 합니다.

가브리엘 천사장은 세례 요한의 아버지 사가랴와, 예수의 어머니 마리아에게 하나님의 선택된 자들의 출생을 미리 고지하였습니다. 가브리엘 천사장은 사가랴에게 그의 아내가 아들을 낳게 할 것이라고 말해 주었습니다. 그리고 그는 마리아에게 잉태하여 아들을 낳을 것이라고 일러 주었습니다.

"천사가 일러 가로되 사가랴여 무서워 말라 너의 간구함이 들린지라 네 아내 엘리사벳이 네게 아들을 낳아 주리니 그 이름을 요한이라 하라."(눅 1장 13절)

"보라 네가 수태하여 아들을 낳으리니 그 이름을 예수라 하라."(눅 1장 31절)

하나님의 자녀들에게 위험한 일이 닥치게 되면 하나님이 그들에게 천사들을 보내어 임박한 위험을 미리 경고하기도 하였습니다.

예수께서 어렸을 때 헤롯왕이 아기 예수를 죽이려고 하므로 하나님께서는 예수의 아버지 요셉에게 꿈에 천사를 보내어 **"저희가 떠난 후에 주의 사자가 요셉에게 현몽하여 가로되 헤롯이 아기를 찾아 죽이려 하니 일어나 아기와 그의 모친을 데리고 애굽으로 피하여 내가 네게 이르기까지 거기 있으라 하시니"**(마 2장 13절)라고 미리 알려 주었습니다.

둘째, 천사들은 하나님의 백성들을 인도하는 일을 합니다. 이스라엘 백성들이 출애굽 할 때 여호와께서 그들 앞에 행하사 낮에는 구름 기둥으로 그들의 길을 인도하시고 밤에는 불 기둥으로 인도하셨으며, 그 당시에 천사들이 그들을 도와주었습니다.

"여호와께서 그들 앞에서 가시며 낮에는 구름 기둥으로 그들의 길을 인도하시고 밤에는 불기둥을 그들에게 비추사 주야로 진행하게 하시니"(출 13장 21절)

"낮에는 구름 기둥, 밤에는 불기둥이 백성 앞에서 떠나지 아니하니라."(출 13장 22절)

마태복음 2장 9절에 보면, 동방으로부터 온 박사들이 유대인의 왕으로 나실 분을 경배하려고 왔습니다. 그들이 유대인의 왕의 탄생 이야기를 헤롯왕으로부터 들은 후에 그들이 길을 갈 때, 동방에서 보았던 그 별이 그들의 가는 길을 안내하더니 아이가 있던 곳에 멈추었습니다. 그 당시에 실제로 하나님께서 그들에게 천사들을 보내었으며, 천사들이 가상적인 별을 만들어 그들을 안내하게 하였던 것입니다.

셋째, 천사들은 성도들을 수호하고 보호하는 일을 합니다. 천사가 하는 중요한 일 중의 하나는 성도들을 수호하고 보호하는 일입니다. 창세기 32장 1~2절을 보면, 야곱은 가나안으로 가던 도중 천사들로 이루어진 '하나님의 군대'를 보았습니다. 이 천사들은 야곱과 그의 많은 가족들이 무사히 요단 강을 건너 하나님께서 약속하신 땅에 도착할 때까지 야곱의 옆에서 계속 그를 보호해 주었습니다.

"1. 야곱이 길을 가는데 하나님의 사자들이 그를 만난지라 2. 야곱이 그들을 볼 때에 이르기를 이는 하나님의 군대라 하고 그 땅 이름을 마하나임이라 하였더라."(창 32장 1~2절)

그러므로 야곱이 하나님의 사자들을 만난 것은 결코 우연한 일이 아니었습니다. 왜냐하면 하나님께서는 야곱과의 약속을 이루시기 위하여 그리고 외로운 야곱을 돕기 위하여 하나님의 군대인 천사들을 보내셨기 때문입니다.

또 야곱이 그의 형을 만나기 전에 그가 지치고 외로울 때 천사가 나타나 얍복 강가에서 함께 씨름하며 위로해 주었습니다(창 32장 24절).

하나님이 아브라함의 여종 하갈이 집을 떠나 정처 없이 헤맬 때에, 천사를 보내어 도와주고 그들을 수호해 주었습니다. 아브라함의 여종 하갈은 아브라함과의 사이에서 이스마엘이라는 아들을 낳았습니다. 그러나 하갈은 아브라함의 부인 사라와의 불화 때문에 집에서 쫓겨났으며, 광야에서 가죽 부대의 물이 떨어지자 방성대곡하였습니다. 이때 하나님께서 천사를 보내시어 샘물 있는 곳을 가르쳐 주셨으며, 그리고 하갈이 가는 곳마다 천사들이 지켜 주었습니다.

"하나님이 그 아이의 소리를 들으시므로 하나님의 사자가 하늘에서부터 하갈을 불러 가라사대 하갈아 무슨 일이냐 두려워 말라 하나님이 저기 있는 아이의 소리를 들으셨나니"(창 21장 17절)

넷째, 천사들은 예수 그리스도의 심판에 관여하고 심판을 돕는 일을 합니다. 천사들은 주님의 심판 날에 직접 심판하는 일에 관여합니다. 예수 그리스도께서 다시 오셔서 심판하실 때 천사들은 주님의 뜻에 따라 심판을 집행하는 눈부신 활동을 하게 될 것입니다.

또한 예수께서는 재림 시에 수많은 천군 천사들이 예수 그리스도와 동행할 것을 말하고 있으며, 천사들을 동원하여 심판을 하시겠다고 말씀하셨습니다.

"저가 큰 나팔 소리와 함께 천사들을 보내리니 저희가 그 택하신 자들을 하늘 이 끝에서 저 끝까지 사방에서 모으리라."(마 24장 31절)

"또 다른 천사가 성전으로부터 나와 구름 위에 앉은 이를 향하여 큰 음성으로 외쳐 가로되 네 낫을 휘둘러 거두라 거둘 때가 이르러 땅에 곡식이 다 익었음이로다 하니"(계 14장 15절)

다섯째, 천사들은 구원받은 성도의 영혼을 직접 천국이나 낙원에 안내하는 일을 합니다. 예수 믿지 않는 사람들이 죽으면 마귀가 그들의 영혼을 음부로 데리고 가지만, 구원받은 성도가 죽을 때에는 천사들이 그 영혼을 낙원(중간 상태) 또는 천국에까지 안내하는 일을 합니다.

성경에는 **"자금 이후로 주 안에서 죽는 자들은 복이 있도다."**(계 14장 13절) 하였고, **"성도의 죽는 것을 여호와께서 귀중히 보시는도다."**(시 116편 15절) 말씀하셨습니다.

누가복음 16장 19~31절을 보면 '부자와 거지 나사로'에 대한 예화가 나옵니다. 거지 나사로가 죽었을 때에 그 영혼이 **'천사들에게 받들려'** 천국에 있는 아브라함의 품에 들어가게 하였다고 예수께서는 말씀하고 있습니다. 여기에서 중요한 것은 나사로가 죽었을 때에 나사로의 영혼을 천사들이 안내하여 천국으로 들어가게 하였다고 말해 주고 있다는 점입니다.

"이에 그 거지가 죽어 천사들에게 받들려 아브라함의 품에 들어가고 부자도 죽어 장사되매"(눅 16장 22절)

구원받은 성도의 죽음이 임박하면 하나님께서는 이를 미리 아시고 천사들을 대기시킵니다. 그러다가 성도가 죽으면, 곧바로 그 영혼을 천사들이 호위하여 낙원(중간 상태)이나 천국으로 안내를 합니다.

서울에 와 있는 미카엘 천사장 만나다

하나님께서는 구원받은 성도의 영혼을 사단이나 마귀가 빼앗아 가는 것을 막기 위하여 보통 22명의 천사들이 호위하여 천국이나 낙원으로 안내하도록 하고 있습니다.

주 예수를 믿는 성도들이 세상을 떠나면, 두 가지 길을 선택하게 됩니다. 즉, 하나는 이마에 인을 받은 성도들은 천사들의 안내를 받아 직접 하나님이 계시는 천국에 들어가고, 다른 길은 하나님의 인을 받지 못한 성도들은 주님이 재림할 때까지 천국에 가기 위한 대기 장소인 낙원으로 천사들이 안내할 것입니다. 낙원에 들어간 성도들은 주님이 재림하시면 심판을 받은 후에 선택된 성도들만 구원을 받아 천국으로 들어가게 됩니다.

내 영혼이 구원을 받아 천사들에게 안내를 받아 곧바로 천국으로 들어간다면 얼마나 축복되고 영광스러운 일이겠습니까? 그들의 영혼이 천국에 들어가 영원토록 천국에서 하나님과 함께 산다는 것은 이 세상에서 가장 큰 축복일 것입니다.

여섯째, 천사들은 예수 그리스도와 구원 얻은 상속자들을 위하여 섬기는 일을 합니다. 예수 그리스도께서 광야에서 금식하시고 나오실 때에 곧바로 천사들은 예수 그리스도에게 시중들며, 공생애 3년 반 동안을 섬겼습니다. 그 당시에 가브리엘 천사장과 라파엘 천사장, 그리고 수천 명의 천사들이 예수 그리스도와 함께하며 사역을 돕고, 섬겼습니다.

"광야에서 사십 일을 계셔서 사단에게 시험을 받으시며 들짐승과 함께 계시니 천사들이 시중들더라."(막 1장 13절)

그리고 여호와 하나님께서는 구원 얻은 상속자들이나 특별하게 세운 주의 종들을 위하여 섬기라고 그들에게 천사들을 보내기도 하십니다. 주님 오실 날이 가까워짐에 따라 하나님께서는 추수사역을 위해 엘리야 선교사를 위시하여 여러 명의 하나님의 사람들에게 천사들을 보내어 시중들도록 하고 있습니다.

"모든 천사들은 부리는 영으로서 구원 얻을 후사들을 위하여 섬기라고 보내심이 아니뇨"(히 1장 14절)

일곱째, 천사들은 하나님의 뜻에 따라 병든 성도들을 치유하는 일을 합니다. 현재 한국에서 천사를 거느리고 있는 어느 목사는 특별 집회를 할 때에 환자들을 위하여 기도하면 천사들이 함께 환자들에게 안수해 주므로 치유의 역사가 활발하게 나타나고 있습니다.

여덟째, 천사들은 성도들이 하는 기도를 듣고 있고, 그 기도를 받아서 하나님께 올려 드리고 있으며, 또 그 기도 응답을 받아서

서울에 와 있는 미카엘 천사장 만나다

다시 알려 주고 있습니다. 우리 성도들은 수시로 하나님께 기도를 드리고 있습니다. 기도하는 우리의 마음은 하늘에 계신 하나님 아버지께서 기도를 들으시고 응답해 주실 것을 믿고 기도하고 있습니다.

왜냐하면, 주님께서 마태복음 21장 22절에 **"너희가 기도할 때에 무엇이든지 믿고 구하는 것은 다 받으리라"**라고 약속해 주셨기 때문입니다.

그러나 정작 우리가 하는 기도는 하나님께서 바로 듣지 않으십니다. 천사들이 우리 기도를 듣고 있다가 천사들이 그 기도를 받아서 하나님께 올려 드리고 있다는 사실을 알아 두어야 합니다. 이 말씀에 대한 근거는 요한계시록 8장 4절에 있습니다.

"향연이 성도의 기도와 함께 천사의 손으로부터 하나님 앞으로 올라가는지라"(계 8장 4절)

주님이 하고 있는 중보기도(향연)와 함께 우리의 기도를 받아서 하나님께 올려 드리고 있는 천사들은 현재 지구상에 상주하고 있는 천사들이며 모두 우리엘 천사장의 부하들입니다.

우리가 마음으로 기도를 하든 큰 소리로 기도를 하든 간에 천사들은 우리의 기도를 모두 듣고 있으며, 기도들을 모아서 영어로 번역하여 두루마리에 기록한 후 하나님께 올려 드리고 있습니다.

그러나 중요한 것은 우리가 드리는 기도 중에 하나님께 합당하지 못한 기도는 천사들이 하나님께 올려 드리지 않고 있습니다. 자기의 정욕으로 잘못 구하고 있는 기도이거나, 분노에 찬 기도이거나, 또는 악한 사단이 가르쳐 준 방언이 섞인 기도는 아무리 기도를 많이 하여도 하나님께 올려 드리지 않고 있습니다.

특히 기도 말미에 "…**예수님의 이름으로 기도 드립니다. 아멘**"으로 하는 기도보다, "…**예수 그리스도의 이름으로 기도합니다. 아멘**"으로 하는 기도를 하나님께서 기뻐하십니다. 실제로 천사들이 기도를 올려 드릴 때에 "…예수님의 이름으로 기도 드립니다. 아멘"으로 하는 기도는 보류해 두고, "…예수 그리스도의 이름으로 기도합니다. 아멘"으로 하는 기도를 하나님께 올려 드리고 있다고 합니다.

기왕이면, 꼭 "…예수 그리스도의 이름으로 기도합니다. 아멘"으로 기도하시기 바랍니다. 왜냐하면, '예수'는 땅의 호적상 이름이지만, '그리스도'는 예수님만이 가진 이름으로 왕, 선지자 및 제사장의 세 직분을 가리키는 이름이기 때문입니다.

베드로 사도가 "**나사렛 예수 그리스도 이름으로 일어나 걸으라**"(행 3장 6절)라고 기도하였고, 사도 바울도 귀신에게 명

서울에 와 있는 미카엘 천사장 만나다

령할 때에 "예수 그리스도의 이름으로 내가 네게 명하노니 그에게서 나오라"(행 16장 18절)라고 명령 기도를 했습니다. 그러므로 '예수 그리스도의 이름으로 기도하는 것'이 성경적입니다.

아홉째, 천사들은 하나님께로부터 하나님의 말씀을 받아 성경의 기록자들에게 전달하고 하나님의 말씀을 기록하게 하였습니다. 요한계시록은 장차 일어날 일들에 대하여 하나님께서 일러 주신 예수 그리스도의 계시를 기록한 책입니다. 요한계시록을 기록한 과정을 보면, 사도 요한은 하나님께서 하신 말씀을 기억하였다가 자기 생각대로 임의로 기록한 것이 아닙니다.

요한계시록을 기록한 과정을 보면 하나님은 요한에게 천사를 보내고 '그 천사'가 하나님의 말씀을 요한에게 지시하여 하나님의 뜻대로 기록하게 하였습니다.

여기에서 하나님이 요한에게 보낸 '그 천사'는 가브리엘 천사장이었습니다. 하나님은 기록하는 사도 요한에게 성령의 감동을 입게 하고, 가브리엘 천사장을 통하여 자세한 계시의 말씀을 요한에게 말하게 하였고, 요한은 그 말씀을 기록했습니다.

"예수 그리스도의 계시라 이는 하나님이 그에게 주사 반드시

속히 될 일을 그 종들에게 보이시려고 그 천사를 그 종 요한에게 보내어 지시하신 것이라."(계 1장 1절)

사도행전 6장과 7장을 보면, 스데반이 공의회 앞에서 심문을 받을 때 그는 이 자리에서 이스라엘의 지도자들이 천사가 전한 모세의 율법을 받고도 지키지 않았다고 항변하였습니다.

"너희가 천사의 전한 율법을 받고도 지키지 아니하였도다 하니라."(행 7장 53절)

예를 들면 창세기의 기록은 요한계시록을 기록한 과정과 같이 하나님이 미카엘 천사장을 모세에게 보내고, 미카엘이 하나님의 뜻을 따라 모세에게 천지 창조에 대하여 일러 주면 이것을 모세가 기록한 것입니다.

그러므로 창세기에 기록된 말씀은 모세의 생각이나 아이디어가 하나도 들어 있지 않고, 오로지 하나님이 미카엘을 통하여 일러 준 대로 기록한 것이므로 전적으로 창세기는 하나님의 계시의 말씀입니다.

성경은 하나님의 감동을 받은 사람들이 썼습니다. 그러나 하나님께서 직접 말씀하려고 하실 때에는 거의 대부분 천사를 통하여 말씀하셨고, 천사가 전한 말씀을 기록자들이 기록한 것입니다. 그러므로 성경의 저자는 하나님이시고, 천사가 전한 말씀을 글로 쓴 사람들은 모두 성경의 기록자일 뿐입니다.

이와 같이 성경은 하나님의 감동을 받은 사람들이 썼지만 하나님께서 직접 말씀해 주신 내용은 매우 적으며, 하나님께서는 거의 대부분 천사를 통하여 말씀하신 것을 기록하게 하였습니다.

천사들을 대하는 자세

천사들은 하나님의 사자들로서 하나님의 뜻을 따라 행동하는 존재들입니다. 우리 하나님은 필요할 때에 성도들에게 천사들을 수시로 보내고 있습니다. 그러므로 우리가 천사들을 만날 경우가 많으므로 이들을 대하는 올바른 태도를 가져야 합니다.

첫째로, 천사들이 나타나는 곳에 하나님의 임재하심이 함께하고 있으므로 말하는 것이나 행동을 더욱 삼가야 합니다.

천사들은 하나님이 보낸 사자들이며, 하나님과 얼굴을 함께하고 있습니다. 하나님께서는 하나님의 자녀들에게 가까이 오셔서 나타나실 때도 있지만, 천사를 통하여 직접 만나보는 것과 같이 성도들을 보고 말소리도 듣기를 원하십니다. 마태복음 18장 10절 말씀을 보면, 천사들은 멀리 떨어져 있어도 하나님의 얼굴을 항상 마주 대하고 있습니다.

"삼가 이 소자 중에 하나도 업신여기지 말라 너희에게 말하노니 저희 천사들이 하늘에서 하늘에 계신 내 아버지의 얼굴을 항상 뵈옵느니라."(마 18장 10절)

그러므로 천사들이 나타나는 곳에는 하나님의 임재가 항상 있게 되므로, 우리들은 말하는 것이나 행동하는 것을 삼가고 조심하여야 합니다.

다른 예를 들면, 출애굽기 3장 2절과 4절을 보면 처음에 분명히 여호와의 사자인 천사가 떨기나무 가운데에 나타났을 때, 곧이어 그 곁에 계신 여호와께서 모세에게 나타나 "모세야! 모세야!" 하고 부르시는 장면이 나옵니다. 말하자면, 천사가 나타나는 곳에는 여호와께서 항상 함께 임재해 계신 것을 알 수 있습니다.

"여호와의 사자가 떨기나무 불꽃 가운데서 그에게 나타나시니라 그가 보니 떨기나무에 불이 붙었으나 사라지지 아니하는지라."(출 3장 2절)

서울에 와 있는 미카엘 천사장 만나다

"여호와께서 그가 보려고 돌이켜 오는 것을 보신지라 하나님이 떨기나무 가운데서 그를 불러 이르시되 모세야, 모세야 하시매 그가 이르되 내가 여기 있나이다."(출 3장 4절)

어떤 때에는 하나님께서 천사를 통하여 말씀하기도 하시고 천사와 함께 나타나기도 하십니다. 그러므로 천사들과 가까이 있는 곳에서는 우리가 말하는 것을 가급적 주의하여야 합니다. 천사들이 있는 곳에서 말하는 음성은 곧바로 하나님께 전달되기 때문입니다.

둘째로, 사랑이 많으신 우리 하나님은 성도들이 위험이나 어려움을 당할 때 천사들을 보내어 보호하시고 지켜 주십니다. 그러므로 우리들은 천사들에게 감사하는 마음을 가져야 하며, 하나님께는 늘 감사와 찬양을 드려야 할 것입니다.

하나님께서 성도들에게 천사들을 보내 지켜 주시는 것은 성도들이 하나님의 자녀이기 때문입니다. 또 사탄이나 마귀들과 대적하는 일에 있어서도 천사들로 하여금 우리가 승리할 수 있도록 도와주고 있습니다.

하나님께서 천사들을 보내어 우리를 지켜 주신다는 사실은 얼마나 놀랍고 감사한 일입니까? 그러므로 우리는 천사들을 통한 우리 하나님의 보호하심에 늘 감사하고 찬양을 드려야 합니다.

그러므로 우리 성도들은 우리가 위험이나 어려움에 처해 있을 때 언제나 사랑이 많으신 우리 하나님께 "천사들을 보내어 나를 지켜 주옵소서"라는 기도를 드릴 수 있어야 합니다. 큰 지혜와 능력을 지닌 선한 천사들이 우리 곁에 있음을 믿고 살면, 신앙에 큰 도움이 되고 믿음에 대한 크나큰 확신도 가지게 될 것입니다.

셋째로, 천사들은 영적인 존재들이므로 눈에 보이지 않습니다. 그러므로 우리가 부지중에 천사를 대면할 수도 있으므로 길을 지나는 객이나 집에 오는 손님을 대할 때 대접을 잘해야 합니다.

창세기 18장 1~8절을 보면 주께서 마므레의 상수리나무 곁에서 아브라함에게 나타나셨는데, 그때 아브라함은 자기의 장막 어귀에 앉아 있었습니다(창 18장 1절). 아브라함이 고개를 들고 보니, 웬 사람 셋이 자기의 맞은쪽에 서 있었습니다. 그는 그들을 보자 장막 어귀에서 달려 나가서 그들을 맞이하며, 땅에 엎드려서 절을 하고 환영하였습니다(창 18장 2절). 그런데 이 세 사람이 바로 가브리엘, 라파엘의 두 천사장과 인 가진 마리아엘 천사였습니다.

이날 그때에 주께서 아브라함에게 말씀하셨습니다. **"그가 가라사대 기한이 이를 때에 내가 정녕 네게로 돌아오리니 네 아내**

사라에게 아들이 있으리라 하시니 사라가 그 뒤 장막 문에서 들었더라."(창 18장 10절) 아브라함은 이 세 천사장을 만난 후, 아브라함의 노년에 아들을 얻게 된다는 축복의 말을 듣게 되었습니다.

아브라함이 지나가는 세 천사를 못 알아보고 지나가게 하였다면, 아브라함은 그들에게서 자기가 나이 든 사람이지만 아들을 얻게 될 것이라는 이야기를 듣지 못할 뻔했습니다.

창세기 19장 1~3절에 보면, 롯이 두 천사를 만났다는 이야기가 나옵니다. 두 천사가 소돔성의 입구에 도착하였는데, 그때 아브라함의 조카 롯이 소돔 성문에 앉았다가 두 천사를 보고 일어나 맞이했습니다. 이 두 천사는 가브리엘과 라파엘 두 천사장이었습니다.

그는 두 천사를 환영하였으며, 대접을 잘하였습니다. 하나님께서 소돔과 고모라를 멸하실 때에 결국 이 두 천사의 도움으로 롯과 그의 두 딸은 생명을 구할 수 있었습니다.

롯이 소돔성 입구에 앉아 있다가 우연찮게 지나가는 두 천사를 만나서 그들을 잘 대접한 것이 천만다행이었습니다. 두 천사는 마침 소돔성에 와서 살펴보고 하나님께 보고를 한 후에 그 성을 멸망시키라는 명령을 받고 온 천사들이었습니다. 롯은 다행하게도 두 천사를 잘 대접하였고, 결국에 두 천사의 도움을 받아 생명을 건지게 되었습니다. 우리도 부지중에 천사를 만날 수도 있으므로 우리 성도들은 지나가는 객이나 나그네를 만나면 친절하게 대접해야 합니다.

"손님 대접하기를 잊지 말라 이로써 부지중에 천사들을 대접하는 이들이 있었느니라."(히 13장 2절)

서울에 와 있는 미카엘 천사장 만나다

2.
계시록의 천사들 모두 한국에 와 있다

현재 지구상에는 하나님께서 지구를 창조하실 때부터 지구상의 기후를 관장하기 위하여 수십만 명의 천사들이 와서 상주하고 있습니다.

지구의 기후를 조정하고 관리하는 천사들은 우리엘 천사장과 그의 부하 천사들입니다.

또 우리엘 부하 천사들은 수시로 성도들의 기도를 듣기도 하고 받은 기도를 하나님께 올려 드리는 역할도 하고 있습니다(계 8장 4절).

인 가진 마리아엘 천사가 2008년에 1,004명의 천사들을 이끌고 한국에 왔으며, 2010년 9월 이후에 미카엘 천사장이 2만 명의 부하 천사들을 데리고 한국에 와 있습니다.

오, 놀라운 일! 너무나도 기쁜 소식입니다. 누구를 만나러 왔을까요? 천사들은 하나님께서 보낸 하나님의 사자들이며, 하나님께서 사랑하시는 하나님의 종들을 섬기라고 보냄을 받은 천사들입니다(히 1장 14절).

한국에 온 천사들은 하나님의 사람들을 도와주고 그들과 함께 추수사역을 하며 재림을 준비하기 위해 왔다고 합니다.

세계적인 예언자 차브다 목사는 한국에 대하여 아래와 같이 예언한 바 있습니다.

"하나님의 군사들이 준비되고 있습니다. 하나님의 천사들이 한국으로 모이고 있습니다. 아주 큰일이 일어나기 전의 영적인 움직임들이 느껴집니다. 파수꾼의 기도를 하면서 계속 한국을 위해 기도할 때, 주님께서 알려주셨습니다."

그렇습니다. 차브다 목사의 말씀대로 주님의 재림을 준비하기 위하여 현재 한국에 2만 명 이상의 천사들이 몰려와 있습니다. 너무나도 놀랍고도 감사한 일입니다.

특별히 우리 하나님이 흰말을 탄 미카엘 부하 천사들 500명을 각각 동해와 서해에 보내어 매일 철통같이 지켜 주고 있습니다. 할렐루야!

2025년 현재 하나님께서 둘째 인 심판을 진행하고 있습니다. 앞으로 하나님께서 셋째 인 심판과 함께 일곱 나팔 심판과 일곱 대접 심판을 차례로 진행할 것입니다.

우리가 알아 둘 것은 라구엘 천사장, 사라카엘 천사장, 그리고 레미엘 천사장의 세 천사장 외에 요한계시록에 예언된 천사가 모두 한국에 와 있다는 것입니다.

이미 한국에 온 천사들 명단

아래에 소개하는 미카엘 천사장, 미카엘 부하 천사들 2만 명, 우리엘 천사장(지구에 상주), 라파엘 천사장, 마리아엘 천사, 에스더 천사, 주리엘 천사는 현재 한국에 와 있습니다.

★ 미카엘 천사장

'인자와 같은 이(계 1장 13절)'는 미카엘 천사장이고, '네 생물(계 4장 6절)'은 미카엘 천사장을 나타내고 있으며, '독수리(계 8장 13절)'도 미카엘 천사장을 가리킵니다.

또 요한계시록 6장 2절 말씀대로 흰말을 탄 자인 미카엘 천사장이 손에 활을 들고 머리에 면류관(투구)을 쓰고 2011년에 서울에 등장하였으며, 이로 인하여 2011년에 '큰 환난'이 시작되었습니다. '힘센 천사(계 18장 21절)' 또는 '힘센 다른 천사(계 10장 1절)'는 미카엘 천사장을 가리키며, '백마 탄 자 (계 19장 11절)'는 미카엘 천사장을 나타냅니다.

대부분의 주석을 하는 사람들은 요한계시록 19장 11절에 백마와 탄 자의 이름이 충신과 진실이라 기록된 것을 보아 '백마 탄 자'는 예수 그리스도라고 잘못 해석하고 있습니다. 그러나 요한계시록 19장 14절에서 백마 탄 자가 입에 예리한 칼을 가졌고 하늘의 천군 천사들을 거느리는 것을 보아 '백마 탄 자'는 예수 그리스도가 아니라 군대장관 미카엘 천사장인 것을 아시기 바랍니다.

특히 미카엘 천사장은 2011년에 그의 부하 천사들을 데리고 한국에 와서 2017년에 계시록 12장 7~9절 말씀대로 용과 그의 부하들과 함께 영적 전쟁을 행하였습니다. 이 영적 전쟁 때에 구름층에 있던 용들이 모두 쫓겨나 지구상에 내려왔습니다. 용들이 모든 산이나 호수뿐만 아니라 모든 건물, 집 안에도 들어와 있으므로 특별한 경계를 해야 합니다.

★ 미카엘 부하 천사들(2만 명)

하늘에 있는 군대들로서 세마포를 입고 날개 달린 말을 타고 나타난 천사들은 미카엘 천사장의 부하 천사들 2만 명을 가리킵니다(계 19장 14절). 현재 미카엘 부하 천사들은 미카엘의 지시에 따라 용이나 사단 마귀들을 만나는 대로 잡아다가 영적인 큰 망에 잡아넣고 있습니다.

★ 가브리엘 천사장

요한계시록 1장 1절에 나오는 '그 천사'는 가브리엘 천사장입니다. 또 가브리엘 천사장은 2014년 2월에 요한계시록 6장 3~4절에 예언된 대로 둘째 인을 뗄 때에 붉은 말을 타고 한국에 등장하였습니다. 그리하여 현재 우리는 둘째 인 시대에 살고 있습니다(2025년 1월 현재). 그리고 요한계시록 22장 6절과 22장 8절에 나오는 천사는 가브리엘 천사장을 가리킵니다.

★ 우리엘 천사장

'검은 말을 탄 자(계 6장 5절)'는 우리엘 천사장을 나타내고 있고, '불 다스리는 천사(계 14장 18절)'는 우리엘 천사장을 나타내고 있습니다. 우리엘 천사장은 창조 당시부터 그의 부하 천사들과 함께 지구에 와서 기후를 조정하는 역할을 하고 있습니다.

★ 라파엘 천사장

'청황색 말을 탄 자(계 6장 8절)'는 라파엘 천사장을 가리키며 군대장과 미카엘 천사장의 참모총장입니다. 현재 라파엘 천사장은 한국에 와 있으며, 인 가진 마리아엘 천사와 함께 온 세계 12나라를 다니며 인치는 추수사역을 하고 있습니다.

★ 인 가진 마리아엘 천사

요한계시록에는 '다른 천사'라는 말이 계시록 7장 2절, 8장 3절, 14장 15절, 14장 17절, 그리고 15장 1절의 다섯 군데에 나오고 있는데 '다른 천사'란 인 가진 마리아엘 천사를 가리킵니다.

마리아엘은 여자 천사로서 미카엘 천사장의 부대장으로서 엘리야 선교사에게 시중들고 있는 천사입니다. 또 마리아엘 천사는 하늘에서 생명책 명단을 가지고 온 천사이며, 추수사역을 총괄하는 천사로서 계시록 7장 2~4절 말대로 십사만 사천의 이마에 성령 하나님의 인을 찍어 주는 천사이기도 합니다.

★ 에스더 천사

요한계시록 14장 8절의 '다른 둘째 천사'는 에스더 천사를 가리킵니다. 현재 에스더 천사는 한국에 와 있으며, 엘리야 선교사 바로 곁에 머물면서 그를 섬기고 있습니다. 에스더 천사는 천국에서 음악을 총괄하는 천사이며 직접 악기도 연주하고 합창 지휘도 하고 있습니다.

★ 주리엘 천사

요한계시록 14장 9절의 '다른 셋째 천사'는 주리엘 천사를 가리킵니다. 현재 주리엘 천사는 한국에 와 있으며, 엘리야 선교사 바로 곁에 머물면서 그를 섬기고 있습니다.

앞으로 한국에 오게 될 천사들 명단

아래에 소개하는 라구엘 천사장, 사라카엘 천사장, 그리고 레미엘 천사장은 하나님께서 부르실 때에 앞으로 한국에 올 예정입니다.

★ 라구엘 천사장

요한계시록 9장 1절의 다섯째 천사, 그리고 요한계시록 16장 10절의 다섯째 천사는 라구엘 천사장을 가리킵니다. 라구엘 천사장은 장차 다섯째 나팔 심판 때, 그리고 다섯째 대접 심판 때에 한국에 오게 될 것입니다.

★ 사라카엘 천사장

요한계시록 9장 13절의 여섯째 천사, 그리고 요한계시록 16장 12절의 여섯째 천사는 사라카엘 천사장을 가리킵니다. 사라카엘 천사장은 장차 여섯째 나팔 심판 때, 그리고 여섯째 대접 심판 때에 한국에 오게 될 것입니다.

★ 레미엘 천사장

요한계시록 10장 7절의 일곱째 천사, 그리고 요한계시록 16장 17절의 일곱째 천사는 레미엘 천사장을 가리킵니다. 레미엘 천사장은 장차 일곱째 나팔 심판 때, 그리고 일곱째 대접 심판 때에 한국에 오게 될 것입니다.

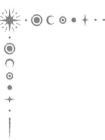

미카엘 천사장과의 인터뷰

하늘에서 미카엘 천사장이 한국에 왔다는 이 소식만 들어도 엄청난 사건입니다. 십여 년 전에도 구로동에 있는 M교회 예배 시간에 미카엘 천사장이 나타났었다고 전해지고 있습니다. 누군가 미카엘 천사장을 보았다는 뜻일 뿐, 정말로 왔었는지에 대하여 아무도 확인할 수도 없던 일이었습니다.

아시는 대로 천사와 같은 영적 존재는 영안이 열려 있는 은사자 외에는 아무나 눈으로 볼 수도 없기 때문입니다. 미카엘 천사장을 단순하게 보았다는 것과, 직접 만나서 악수도 하고 대화를 나누었다는 것과는 엄청난 차이가 있습니다.

누구든지 궁금해하는 것은 서울에 미카엘 천사장이 정말로 왔는지, 그리고 왜 많은 부하 군사 천사들을 데리고 왔는지에 있습니다. 이와 같이 미카엘과 많은 수의 천사들이 서울에 집결하는 것은 성경에 기록된 대로 우리 하나님께서 많은 천사들을 보내셨기 때문입니다.

하나님의 군대장관 미카엘이 종말에 책(생명책)에 기록된 자들을 구원해 주기 위해 하나님께서 보낸다는 말씀은 다니엘 12장 1절에 기록이 되어 있습니다. 이 말씀에 따라 하나님이 미카엘 천사장을 보내셨습니다.

또 요한계시록의 문이 열렸기 때문에 계시록 12장 7~9절의 용과의 영적 전쟁을 위해 미카엘 천사장이 부하 천사들과 함께 나타나야 합니다.

실제로 2010년에 미카엘 천사장이 2만 명의 부하 천사들을 이끌고 서울에 왔으며, 계시록 6장 1~2절 말씀대로 2011년에 주님이 첫째 인을 뗄 때에 손에 활을 들고 머리에 투구(면류관)를 쓰고 흰말을 탄 미카엘 천사장이 한국에 나타났습니다.

서울에 온 미카엘 천사장은 현재 한국 사람 엘리야 선교사와 함께 다니고 있다고 합니다. 아시는 대로 엘리야 선교사는 하나님께로부터 영안이 열려 있는 특별한 은사를 받은 분이며, 미카엘 천사장이나 천사를 눈으로 보기도 하고 자유자재로 대화도 나눌 수 있는 유일한 분입니다.

미카엘 천사장과의 인터뷰는 2010년 9월 14일 오후 2시

서울에 와 있는 미카엘 천사장 만나다

경 덕수궁 안에서 이루어졌습니다. 이날의 질문은 여러 성도들이 이메일이나 전화로 보내준 질문 자료를 중심으로 했습니다.

이날 한 목사가 미카엘과 가졌던 인터뷰 내용을 여기에 소개합니다. 미카엘은 영어를 사용하므로 미카엘이 말한 것을 일차적으로 마리아엘 천사가 받아서 엘리야 선교사에게 전해 주었습니다. 그러나 거의 동시통역이었습니다.

미카엘 이미지

미카엘 천사장의 개인 신상에 대하여

(**Q 1**) 미카엘 천사장은 나이가 얼마나 됩니까?

(**대답**) 3,000억 년입니다.

(**Q 2**) 하나님이 미카엘 천사장을 만들 때, 함께 만든 천사들이 있었습니까?

(**대답**) 아닙니다. 당시에 저만 하나님께서 만드셨습니다.

(**Q 3**) 미카엘 천사장은 날개가 몇 개 달려 있습니까?

(**대답**) 6개입니다.

(**Q 4**) 하나님이 미카엘 천사장을 부를 때, 무엇이라고 부릅니까?

(**대답**) '미카엘'이라고 부릅니다.

(**Q 5**) 미카엘 천사장이 가진 능력은 매우 크다고 생각합니다. 하나님이 가진 능력과 비하면 어떻다고 할 수 있습니까?

(**대답**) 하나님께서 저에게는 매우 특별한 능력을 주셨으며, 하나님의 능력에 버금가는 능력이라고 할 수 있습니다.

(**Q 6**) 미카엘 천사장의 키는 얼마나 됩니까?

(**대답**) 8m 정도 됩니다.

(**Q 7**) 미카엘 천사장은 키가 얼마든지 커질 수 있다고 들었습니다. 몇 m나 커질 수 있습니까?

(대답) 저의 키는 100m까지도 커질 수 있으나 하나님께서 허락하셔야 그런 일을 할 수 있습니다.

(Q 8) 미카엘 천사장이 가진 두 칼의 길이는 얼마나 됩니까? 이 두 칼도 길게 늘어날 수 있습니까? 얼마나 길게 늘어납니까?

(대답) 현재 두 칼의 길이는 각각 1m 50㎝ 정도 됩니다. 전투를 할 때에는 제 칼이 약 50m 정도까지 늘어날 수 있습니다.

(Q 9) 천사의 얼굴 모습은 사람과 같은 모습을 하고 있다고 알고 있습니다. 천사 중에 동물의 얼굴 모습으로 변하는 그런 천사도 있습니까?

(대답) 네, 그렇습니다. 사람의 얼굴 모습을 하고 있다가 동물의 얼굴 모습으로 변하는 천사는 저(미카엘)밖에 없습니다.

(Q 10) 미카엘 천사장은 어떤 동물의 얼굴 모습으로 변할 수 있습니까? 몸통도 동물 모습으로 변합니까?

(대답) 저는 제 얼굴을 어떤 때는 사자 모습으로, 또는 독수리 모습으로, 또 소 모습으로 각각 수시로 변하게 할 수 있습니다. 몸은 사람의 몸을 가진 채로 그렇게 얼굴 모습만 네 가지 동물 모습으로 변합니다.

(Q 11) 미카엘의 얼굴이 사람, 사자, 독수리, 소의 얼굴의 네 가지 동물 모습으로 각각 변한다면, 미카엘은 에스겔 1장과 요한계시록 4장에 나오는 네 생물입니까?

(대답) 네, 그렇습니다.

(Q 12) 에스겔 1장 5~10절에 보면 네 생물에 대하여 설명하기를 한 머리에 네 생물의 얼굴이 함께 붙어 있는 것으로 기록하고 있으며,

넷의 앞은 사람의 얼굴이요 넷의 우편은 사자의 얼굴이요 넷의 좌편은 소의 얼굴이요 넷의 뒤는 독수리 얼굴이라고 말씀하고 있습니다. 실제로 미카엘의 얼굴 모습이 이와 같이 한 머리에 네 생물의 얼굴이 함께 붙어 있을 때도 있습니까?

(대답) 네, 그렇습니다. 저는 사람이나, 사자나, 독수리나, 소의 얼굴의 네 가지 동물 모습으로 각각 변할 수 있고, 간혹 한 머리에 네 생물의 얼굴이 함께 붙어 있는 상태의 얼굴 모습을 나타내기도 합니다.

(Q 13) 미카엘 천사장의 모습이 사람이나, 사자나, 독수리나, 소의 얼굴의 네 가지 동물 모습으로 각각 변할 수 있는 얼굴 모습을 낼 수 있다면, 결국 미카엘은 네 가지 모양의 얼굴 모습인데요. 이와 같이 미카엘의 네 가지 얼굴 모습을 실제로 모두 본 사람이 있습니까?

(대답) 네, 저의 다섯 가지 얼굴 모습을 모두 본 사람은 지구상에서 엘리야 선교사님 한 분뿐입니다.

(Q 14) 하나님께서 한국에 대하여 어떻게 생각하십니까?

(대답) 하나님께서 한국 민족을 21세기에 쓰시려고 감추어 둔 민족이며 이스라엘과 같이 하나님의 선민이라 하십니다. 하나님께서 대한민국과 한국 민족과 한국 교회를 매우 사랑하고 계십니다.

(Q 15) 미카엘 천사장이 최근에 한국에 온 목적은 무엇입니까?

(대답) 엘리야 선교사님이 하는 추수사역을 돕고, 또 '큰 환난' 중에 있을 첫째 인을 떼어 '큰 환난'이 생기게 하였으며(계 6장 1~2절), 영적 전쟁을 수행하고(계 14장 7~9절) 하나님의 명령을 따라 적그리스도와 짐승을 처단하려고 왔습니다.

서울에 와 있는 미카엘 천사장 만나다

천사와 사단과 마귀에 대하여

(**Q 16**) 루시퍼는 타락하기 전에 하늘에서 무슨 일을 했습니까?

(**대답**) 내 밑에서 부대장으로서 전체 천사를 총괄하여 관리하는 일을 했으며, 주로 내가 시킨 일만 했습니다.

(**Q 17**) 루시퍼가 하나님께로부터 책망받고 쫓겨난 이유는 무엇입니까?

(**대답**) 루시퍼 자신이 미카엘을 능가하는 능력을 가졌다고 자랑하고 또 높아지려고 하는 교만한 마음 때문에 하나님께서 하늘에서 추종하는 천사들과 함께 쫓아내고 징계한 것입니다.

(**Q 18**) 사단과 마귀, 그리고 루시퍼는 타락하기 전에 하늘에 있었을 때, 그들에게 이마나 머리에 뿔이 나 있었습니까?

(**대답**) 아닙니다. 하늘에서 쫓겨나기 전에는 그들의 이마나 머리에 뿔이 없었습니다.

(**Q 19**) 사단과 마귀들은 언제부터 그들에게 이마나 머리에 뿔이 생겨났습니까?

(**대답**) 하나님께서 루시퍼와 그를 추종하는 천사들을 하늘에서 쫓아내실 때에 그들의 머리나 이마에 뿔이 나게 하셨으며, 얼굴 빛깔도 창백하게 만들었고, 또 눈에서 불빛도 나오게 했습니다.

4.
가브리엘 천사장과의 인터뷰

가브리엘 천사장 하면 많은 사람들이 그에게 매우 큰 호감을 가지고 있습니다. 왜냐하면 가브리엘은 하나님에게서 받은 좋은 소식을 사람들에게 전해 주는 천사장이기 때문입니다.

성경에 구체적으로 천사 이름이 소개되기는 미카엘과 가브리엘 두 천사장밖에 없습니다. 성경에 가브리엘이라는 이름이 세 곳에 기록이 되어 있습니다.

하나는 다니엘 8장 16절에 다니엘이 받은 이상을 가브리엘 천사장이 깨닫게 해 주었고, 두 번째는 다니엘 9장 21~23절에 보면 가브리엘이 나타나 다니엘에게 **"내가 이제 네게 지혜와 총명을 주려고 나왔나니"**라 말하면서 다니엘에게 능력을 주고 이어서 다니엘이 받은 이상을 설명해 주었습니다.

서울에 와 있는 미카엘 천사장 만나다

세 번째는 누가복음 1장 26~38절에 보면, 가브리엘 천사장이 마리아에게 나타나서 **"성령이 네게 임하시고 지극히 높으신 이의 능력이 너를 덮으시리니"**라고 말하며 거룩한 자 하나님의 아들을 낳을 것이라고 예고하는 장면이 나옵니다. 그러나 가브리엘 천사장은 성경에 이름이 나오지 않아도 여러 곳에서 활동하고 있었습니다.

이와 같은 가브리엘 천사장에 대한 기록을 읽은 독자들은 가브리엘은 하나님께로부터 받은 기쁜 소식을 전하는 천사장으로 알고 있을 뿐 실제로 가브리엘에 대하여 자세한 것을 모르고 있습니다.

마침 가브리엘 천사장이 현재 서울에 머물고 있기 때문에 가브리엘과 가장 가까이에 있는 엘리야 선교사를 통해 가브리엘을 만날 수 있었습니다. 가브리엘 천사장과의 인터뷰는 2015년 11월 29일 주일 오후에 가졌으며, 가브리엘에게 한 대화는 엘리야 선교사의 통역으로 이루어졌습니다.

(Q 1) 가브리엘 천사장은 전에 한국에 온 일이 있습니까?
(대답) 2006년도에 엘리야 선교사님을 만나기 위해 한국에 두 번 왔었습니다.

(Q 2) 가브리엘 천사장이 본 대한민국에 대하여 어떻게 생각하십니까?
(대답) 다른 나라에 비하여 매우 아름다운 나라입니다. 한국 여자들은 다른 나라에

비하여 예쁜 사람들이 많고 노래를 잘하는 사람들이 많아서 좋아요. 또 한국은 사계절이 뚜렷한 나라이고 땅이 기름지고 이곳에서 나는 곡식이나 과일, 채소, 그리고 약초가 세계적으로 매우 뛰어나 여기가 젖과 꿀이 흐르는 땅으로 보입니다.

(Q 3) 가브리엘 천사장은 최근에 언제 한국에 오셨습니까?

(대답) 저는 2014년 2월 18일에 서울에 왔습니다.

(Q 4) 가브리엘 천사장이 한국에 온 목적은 무엇입니까?

(대답) 주님께서 둘째 인을 뗄 때에 저를 보내서 제가 계시록 6장 4절 말씀대로 2014년 2월에 붉은 말을 타고 서울에 왔으며 이로 인하여 둘째 인 시대가 열리도록 했습니다.

(Q 5) 가브리엘 천사장은 현재 어디에 머물고 있습니까?

(대답) 저는 서울에 있으며 엘리야 선교사님 곁에 있습니다.

(Q 6) 누구든지 가브리엘 천사장을 만나려고 하면 만날 수 있습니까?

(대답) 저를 만나려면 언제나 가능합니다. 그러나 제가 매일 서울에서 엘리야 선교사님과 다녀도 나를 알아보는 사람은 아직 한 사람도 없었어요. 나를 눈으로 보는 은사를 가진 분이라야 나를 만날 수 있을 거예요.

(Q 7) 엘리야 선교사님이 가브리엘 천사장을 소개하면서 매우 황홀할 만큼 아름다운 여자 천사장이라고 말하고 있어요. 가브리엘 천사장이 생각할 때, 천국에서나 지구에서든지 본인이 가장 예쁜 얼굴이라고 생각하는가요?

(대답) 네, 그렇게 보셔도 될 겁니다.

(Q 8) 창세기 18장 2절에 보면 아브라함이 장막 문에 앉았다가 지나가는 사람 세 명을 만나 맞이하게 됩니다. 이 세 사람은 누구이었나요?

(대답) 세 사람은 세 천사였으며 가브리엘, 라파엘 두 천사장과 인 가진 마리아엘 천사였고, 셋이서 사람 몸으로 변하여 아브라함에게 나타났었어요.

(Q 9) 창세기 18장 8절에 보면 아브라함이 대접한 음식을 세 천사가 먹었다고 기록하고 있습니다. 영적인 존재인 천사들이 음식을 먹을 수 있습니까?

(대답) 네, 음식을 먹을 수 있어요. 음식을 먹으면 소화기관이 작동하지 않으므로 음식이 분해되어 사라집니다.

(Q 10) 그때 만났던 아브라함은 보실 때 어떠한 사람이었나요?

(대답) 아브라함은 리더십이 강해 보였고 결단력이 있어 보였으며 믿음이 매우 좋고 마음이 순박하고 겸손한 사람입니다.

(Q 11) 창세기 19장을 보면 두 천사가 소돔을 멸하기 위해 갔었는데 이때 그곳에 간 두 천사는 누구이었나요?

(대답) 저 가브리엘과 라파엘 두 천사장이 갔었어요.

(Q 12) 두 천사가 소돔에 갔을 때 사람 몸으로 변신하여 갔었나요?

(대답) 네, 그렇습니다.

(Q 13) 창세기 19장 4절에 보면 소돔 사람들이 남녀노소 할 것 없이 많은 사람들이 롯의 집에 모여들었는데 이때 모인 인원이 몇 명이나 되었나요?

(대답) 500명 정도였습니다.

(Q 14) 창세기 19장 5절에 보면 어떤 젊은 사람들이 롯의 집에서 **"우리가 그를 상관하리라"**고 소리쳤는데, 그들이 함께 간 미남인 라파엘 천사장을 내놓으라고 말한 것이었나요?

(대답) 네, 그렇습니다.

(Q 15) 누가복음 1장 26절에서 마리아에게 나타났던 가브리엘은 가브리엘 천사장이 맞습니까?

(대답) 네, 그렇습니다.

(Q 16) 영원한 복음에서 알려 주기로는 마리아가 주 예수님을 13세에 낳았다고 하는데 맞습니까?

(대답) 네, 그렇습니다.

(Q 17) 가브리엘 천사장이 만나본 마리아는 어떤 여자인지 소개해 주세요.

(대답) 마리아는 당시 13세이었으나 어른처럼 성숙하였으며, 키가 2m 정도 되었고 아름다운 얼굴이었고 매우 순박하고 착한 분이었어요.

(Q 18) 누가복음 1장 26~38절에 보면, 가브리엘 천사장이 마리아에게 수태하여 아들을 낳을 것이라고 알려 주었는데 이때 가브리엘 천사장이 사람 몸으로 변하여 마리아에게 나타났었나요?

(대답) 아닙니다. 사람 몸으로 나타나지 않고 마리아에게 제 음성만 들리도록 했어요.

(Q 19) 요한계시록 1장 1절에서 "…**반드시 속히 될 일은 그 종들에게 보이시려고 그 천사를 그 종 요한에게 보내어 지시하신 것이라**" 하였습니다. 하나님께서 요한에게 보낸 '그 천사'는 누구였습니까?

(대답) 하나님께서 저(가브리엘)를 요한 사도에게 보내셨습니다. 요한 사도는 제가 (가브리엘 천사장) 일러 준 대로 계시록을 기록하였습니다.

(Q 20) 사도 요한이 요한계시록을 쓸 때 몇 년 동안 걸렸습니까?

(대답) 15년이 걸렸습니다.

(Q 21) 요한계시록을 쓸 때 요한을 대신하여 기록해 준 대필자가 있었습니까?

(대답) 그렇습니다. 대필한 사람은 일곱 집사 중 한 사람인 브로고로이었습니다.

(Q 22) 요한계시록을 쓸 때 당시의 기독교인들이 박해를 받았었습니까?

(대답) 네, 그렇습니다. 기독교인들이 박해를 매우 심하게 받았습니다.

(Q 23) 요한계시록을 쓸 때 당시 로마의 황제는 누구였습니까?

(대답) 그는 네로 황제였습니다.

(Q 24) 요한계시록을 쓸 때 예루살렘 성전이 있었습니까?

(대답) 그렇습니다. 그때까지는 예루살렘 성전이 있었습니다.

(Q 25) 요한계시록은 가브리엘이 지시하여 요한이 받아서 쓴 것인데, 다른 책도 그렇게 가브리엘이 알려 주어 쓴 책이 있습니까?

(대답) 없습니다. 요한계시록 한 권뿐입니다.

(**Q 26**) 현재 여섯째 인이 떼어졌다느니 일곱째 인이 떼어졌다느니 주장하는 사람들이 있습니다. 몇째 인이 떼어졌는지 등 '큰 환난'의 진행 사항은 누가 어떻게 알려 줍니까?

(**대답**) '큰 환난'의 진행 사항은 하나님께서 직접 어떤 사람 개인에게 알려 주는 것이 아닙니다. 하나님께서 몇째 인이 떼어졌는지 가장 먼저 저(가브리엘)에게 알려 줍니다. 그러면 엘리야 선교사님이 온 세상에 선포하게 됩니다.

서울에 와 있는 미카엘 천사장 만나다

라파엘 천사장과의 인터뷰

라파엘(Raphael) 천사장이라고 하면, 가톨릭 신자들은 잘 알지만 개신교 성도들은 너무 생소하게 느낍니다. 마침 라파엘 천사장이 한국에 와 있으므로 그와 가진 인터뷰를 소개하고, 라파엘 천사장에 대하여 자세하게 알아보기로 합니다.

라파엘이라는 이름의 뜻은 '치유자 하나님'이라는 뜻으로 하늘의 천사들 중에서 가장 치유의 능력이 뛰어난 천사장입니다. 현재도 가톨릭 신자들은 미카엘, 가브리엘, 그리고 라파엘 천사장에게 기도하는 사람들이 더러 있으나, 라파엘 천사장이 지구에 왔을 때만 그들이 하는 기도를 다 듣고 있다고 합니다.

특히 라파엘 천사장은 예수 그리스도의 공생애 동안에 가브리엘 천사장과 함께 예수 그리스도의 사역을 적극적으로 도왔었다고 합니다.

라파엘 천사장은 현재 엘리야 선교사에게 와서 바로 그의 곁에 항상 머물고 있으며, 다른 천사들과 함께 엘리야 선교사에게 시중들고 있습니다.

라파엘 이미지

2006년 라파엘 천사장은 한국에 온 이후, 뇌막염 환자 등 5명의 환자를 이미 고쳐 주었고 현재 엘리야 선교사의 몸에 있는 여러 병을 고쳐 주고 있는 중입니다.

다음은 라파엘 천사장과의 인터뷰 내용을 여기에 소개합니다. 라파엘과의 대화는 엘리야 선교사가 통역해 주었습니다.

서울에 와 있는 미카엘 천사장 만나다

(Q 1) 라파엘 천사장은 신약시대 이후에 지구상에 온 적이 있습니까?

(대답) 신약 성경 이후, 지구상에 한 번도 온 적이 없습니다.

(Q 2) 라파엘 천사장은 언제 한국에 왔습니까?

(대답) 2006년 12월 중순에 한국에 왔습니다.

(Q 3) 라파엘 천사장은 왜 엘리야 선교사와 함께 머물러 있습니까?

(대답) 하나님께서 나(라파엘)를 엘리야 선교사께 보내셔서 왔습니다. 하나님이 나를 엘리야 선교사께 보낸 것은 첫째로 엘리야 선교사가 하는 추수사역을 잘하도록 도와주라고 하나님이 보냈으며, 둘째는 엘리야 선교사가 추수사역 때에 환자들에게 안수를 하면 기력이 약해지므로 엘리야 선교사의 건강을 지켜 주기 위해 왔습니다.

(Q 4) 라파엘 천사장은 지구상의 어떤 사람에게 본인의 얼굴을 처음으로 보여 주었습니까?

(대답) 구약시대에 그리스의 신화가 한창 성행할 때 이름이 안 알려진 어느 화가에게 내 얼굴을 처음 보여 주었습니다.

(Q 5) 라파엘 천사장 얼굴이 그림이나 석고상으로 남아 있다는데 사실입니까? 또 언제 누가 그렸습니까?

(대답) 그린 것이 사실입니다. 구약 그리스 신화가 성행할 때, 이름 모르는 어느 화가가 그렸고 석고상도 만들었습니다.

(Q 6) 누가 먼저 라파엘 천사장의 얼굴을 그리라고 하였습니까?

(대답) 내가 그 화가에게 나타나 말하기를 "나는 라파엘 천사장이오. 내 얼굴을 그려 보시오"라고 내가 그려 달라고 하였습니다.

(Q 7) 라파엘 천사장이 얼굴을 그려 달라고 하였을 때, 그 화가는 무엇이라고 대답하였습니까?

(대답) 화가의 대답은 "라파엘 당신의 얼굴은 여자같이 예쁘게 생겼소. 왜 당신의 얼굴은 여자처럼 생긴 것이오"라고 말했고, 그때 나는 "내 얼굴이 여자 같더라도 내 얼굴을 그려주시오"라고 말했습니다.

(Q 8) 구약 때 그 화가가 그린 라파엘 천사장의 모양은 현재 라파엘 석고상으로 남아 있는데 이 석고상의 모양과 현재 라파엘 천사장의 모습이 같습니까?

(대답) 너무 똑같이 생겼습니다.

(Q 9) 외경 「토비트서」의 줄거리를 보면, "친족 관계에 있는 두 유대인 집안이 유배를 가서, 둘 다 아무런 잘못을 저지르지 않았는데도 그만 불행에 빠지고 만다. 한 집안의 가장인 토비트는 임금의 '호의와 귀염'을 받으며 높은 벼슬살이를 하면서도 동포들에게 자선과 선행을 베풀었다. 마침내 그는 모함을 받아 수배를 받고 벼슬은 물론이고 재산도 모조리 압수당한 채 도망치는 신세가 된다. 그는 게다가 얼굴도 모르는 동포를 장사 지내 주고 난 직후에는 눈까지 멀게 된다. 다른 집안의 외동딸 사라는 악령에게 붙들려, 혼인만 했다 하면 첫날밤을 치르기도 전에 악령이 신랑을 죽여 버린다. 그러한 일이 벌써 일곱 번이나 일어났다. 하나님께서는 이 두 사람의 기도를 들으시고, 바로 라파엘 천사를 통하여 토비트와 사라의 병을 고쳐 주고, 또한 토비트의 아들 토비아와 자기의 친족 사라와 혼인하여 사라를 구하도록 이끈다" 하는 줄거리입니다.

나중에 라파엘은 자신이 라파엘 천사라고 그의 정체를 밝히고 사라졌는데, 이러한 토비트서에 나타난 라파엘 천사의 이야기는 사실입니까?

(**대답**) 저(라파엘)의 얘기를 기록한 실화입니다. 이 토비트서에 나타난 대로 라파엘인 내가 토비트와 사라의 병을 고쳐 주었고, 토비아와 사라가 결혼하도록 도와주었습니다.

(**Q 10**) 라파엘 천사장님, 엘리사는 천사를 눈으로 보고 대화를 나누는 은사를 가진 분이었습니까?

(**대답**) 그렇습니다. 엘리사 선지자도 엘리야 선교사님처럼 천사를 눈으로 보고 대화를 하는 은사를 가지고 있었습니다.

(**Q 11**) 엘리사 선지자는 어느 천사장이 시중들었으며, 몇 명의 천사들이 함께하였습니까?

(**대답**) 저(라파엘 천사장)와 수백 명의 천사들이 시중들었습니다.

(**Q 12**) 열왕기하 5장 8~14절 말씀을 보면 하나님께서 엘리사를 통해서 나아만의 문둥병을 요단강에서 치유하는 장면이 나옵니다. 당시에 라파엘 천사장은 직접 현장에 있었습니까?

(**대답**) 네, 그렇습니다.

(**Q 13**) 나아만이 일곱 번 요단강에 들어갔다가 나올 때 어떻게 하여 문둥병이 치유가 되었습니까?

(**대답**) 엘리사 선지자가 저(라파엘 천사장)에게 나아만을 치유해 주라고 말했으며, 나아만이 요단강에 첫 번째 들어가기 시작할 때부터 제가 계속하여 나아만을 만지며 문둥병을 치유하기 시작하였습니다. 그래서 나아만이 일곱 번째 강물에 들어갔다가 나올 때에 제가 한 치유가 끝났습니다. 그러므로 나아만은 일곱 번째 요단강물에 들어갔다가 나올 때에 몸이 깨끗하게 변한 것입니다. 이 모든 치유는 하나님의 권능이 저를 통해서 이루어진 것입니다.

제2편

천사와 함께하는 생활

6.
한국에 온 천사를 보낸 것 맞습니까?

- 간증: 성충정 목사(미국 LA 거주)

저는 미국 LA에 사는 성충정 목사입니다. 저는 2009년 9월부터 당시 다윗엘 천사 블로그를 발견하고 그동안 여기에 실린 글들이 모두 진실되며 하나님께서 천사를 통해 주시는 글인 것을 알게 되었습니다.

그동안 저는 제 블로그를 통하여 많은 사람들에게 다윗엘 천사 블로그(현재 '천사와 함께하는 영원한 복음' 블로그)의 글을 알리고 있었습니다.

2010년 2월 하순경, 저는 보다 더 큰 확신을 갖기 위해 기드온이 한 것과 같은 결단의 기도를 했습니다(삿 6장 36~40절).

제가 하나님께 드렸던 기도 제목은 "하나님, 한국에 와 있는 1,000명 이상의 천사들을 하나님께서 보낸 것 맞습니까? 그리고 주님께서 엘리야 선교사와 한다니엘 두 선교사를 쓰시는 것이 맞습니까?"였습니다.

저는 처음에 다음과 같이 기도하였습니다.

"하나님, 한국에 와 있는 1,000명 이상의 천사들을 하나님이 보낸 것 맞습니까? 그리고 주님께서 엘리야 선교사와 한다니엘 두 선교사를 쓰시는 것이 맞습니까?" 제가 드린 질문대로 맞으면 ○표(시험지에 맞는 답에는 ○표)를 보여 주시고, 아니면 ×표(시험지에 틀린 답에는 ×표)를 보여 주십시오. 예수 그리스도 이름으로 기도 드립니다. 아멘."

그렇게 기도하자 며칠 후, 하나님께서는 환상 중에 분명하게 ○표를 보여 주셨습니다. ○표를 보여 주실 때 옛날 시골에 있는 뚜껑이 덮인 큰 가마솥이 나타났습니다. 큰 가마솥을 보여 주시더니 솥뚜껑을 옆으로 열었습니다. 그렇게 해서 ○표를 보여 주신 것입니다.

또 저는 며칠 후 다시 기도하였습니다.

"하나님, 한 번 더 기도를 드리고 응답을 받고 싶습니다. 한국에 와 있는 1,000명 이상의 천사들을 하나님이 보낸 것 맞습니까? 그리고 주님께서 엘리야 선교사와 한다니엘 두 선교사를 쓰시는 것이 맞습니까?" 제가 드린 질문대로 맞으면 3자(3은 성부, 성자, 성령의 삼위일체를 생각하였음)를 보여 주시고, 아니면 6자(6은 666표)를 보여 주십시오. 예수 그리스도 이름으로 기도 드립니다. 아멘."

서울에 와 있는 미카엘 천사장 만나다

그렇게 기도하자 하나님께서는 며칠 후에 저에게 환상 중에 분명하게 3자를 보여 주셨습니다. 3자를 보여 주실 때 꽃바구니를 보여 주셨습니다.

꽃바구니 안에 큰 꽃 한 송이와 작은 꽃 두 송이를 보여 주셨습니다. 그래서 이와 같이 하나님께서는 저에게 세 송이, 곧 3을 보여 주신 것입니다.

저는 날마다 '천사와 함께하는 영원한 복음' 블로그에서 하늘의 보화를 계속 캐고 있습니다.

(해설) 성충정 목사는 이 기도 응답을 받은 후에 곧바로 서울에 있는 엘리야 선교사에게 이러한 기도 응답 받은 결과를 알리면서 기쁨과 감사로 가득 찼습니다.

성충정 목사가 받은 응답대로 하나님이 보낸 천사들 1,000명 이상이 추수하러 한국에 온 것이 틀림이 없습니다. 주님이 천사들과 함께 추수사역을 하라고 엘리야 선교사와 한다니엘 두 선교사를 세운 것이 틀림이 없습니다.

여기 영원한 복음으로 선포하는 말씀이 모두 하나님께서 하시는 말씀인 것을 아시기 바랍니다. 천사들의 추수사역은 2009년 5월부터 모두 현재 한국에서 벌어지고 있는 실제 상황입니다.

현재 미국, 필리핀, 영국뿐만 아니라 서울, 부산, 대전, 광

주, 익산, 용인, 안산 등 전국 각처의 SMG선교회에서 알린 글을 읽고 은혜를 받은 성도들이 많아지고 있습니다. 대부분의 목회자들이 미국의 성충정 목사처럼 하나님에게 기도한 후에 응답을 받고 매우 조심스럽게 접근하고 있습니다.

무서운 '큰 환난'이 2011년에 이미 시작이 되었습니다. 아이티 지진과 칠레 지진은 아직 서막에 불과합니다. 이 큰 환난에 어떻게 대비하려고 합니까? '큰 환난'이 너무 두렵고 견디기 어려운 일이므로 하나님께서는 십사만 사천 대상자들에게 전신갑주를 입혀주고 이마에 하나님의 인을 받으라고 하십니다.

여기에서 전하는 천국의 비밀을 깨닫는 성도들은 지금 이때를 놓치지 마시기 바랍니다. 귀 있는 자들은 들으라. 오늘날 이 시대에 주님께서 전하는 메시지에 귀를 기울이시기 바랍니다.

주님께서 분명하게 미카엘 천사장과 수천 명의 천사들을 보내어 추수사역을 하는 것에 주목을 하시기 바랍니다. 모두 추수사역의 현장에 오셔서 몸에 붙은 가라지(마귀와 귀신들) 떼어냄을 받고 전신갑주를 입은 후에 하나님의 인을 받으시기 바랍니다. 할렐루야!

7.
천사가 잃어버린 추수 메달을 찾아 주다

- 간증: 김진애 권사(65세)

2009년은 우리 하나님께서 나에게 축복을 안겨 주는 해이기도 합니다. 2009년 어느 날 꼭 들어야 할 강의가 있어서 고속버스를 타고 서울에 가던 중이었습니다. 마침 옆에 앉은 여자분과 얘기를 서로 나누면서 가게 되었는데 인사를 나누고 보니 익산에 사는 강○○ 권사님이었습니다. 두 사람은 서로 나이도 비슷하고 신앙이 같아서인지는 몰라도 옛 친구를 만난 것처럼 너무 반가웠습니다.

강 권사님과의 만남은 나에게는 놀라운 행운의 만남이었어요. 그 후 강 권사님과 나는 같은 익산에 살고 있었기 때문에 틈나는 대로 날마다 계속하여 수시로 만나게 되었습니다. 강 권사님에게는 신앙적인 면에서 내가 모르는 무언가 고결한 그런 면이 많아서 항상 배울 바가 많은 분이라는 생각을 했었는데, 거의 반년이 지나서도 나에게 영원한 복음에 대하여는 한마디도 하지 않았습니다.

그러다가 강 권사님이 종종 천사 얘기도 들려주고, 십사만 사천 이야기도 해 주어서 나는 그때마다 매우 호감을 가지고 고개를 끄덕이며 좋게 받아들이고 있었습니다. 그러더니 어느 날 강 권사님이 내 이름이 하늘의 생명책 명단에 들어가 있다고 하며, 축하를 해 주어서 나는 어리벙벙했습니다. 내가 잘은 모르지만, 하나님의 나라에 있는 생명책에 내 이름이 들어 있고 십사만 사천 성도라고 하니 너무 감사할 뿐이었습니다.

강 권사님이 9월 하순에 SMG선교회 목사님들과 함께 백두산 성지 등반을 하자고 하여 나도 가기로 하고 허락을 했습니다. 백두산 성지 등반을 가게 되자 강 권사님은 이번에 만나는 분들이 대단한 분들이라고 말해 주어서 나는 무조건 따라나섰으며, 그때에야 SMG선교회가 무엇을 하는 선교 단체인지를 알게 되었고, 중국 여행을 떠나는 날 비로소 엘리야 선교사님과 한 목사님을 만나게 되었습니다.

백두산 성지 등반은 2011년 9월 28일부터 10월 2일까지 (4박 5일) 일정이었으며, SMG선교회에서는 엘리야 님, 한 목사님, 빛의 사자 목사님 등 9명이 다녀왔습니다. 출발 당일 2011년 9월 28일 오전 11시에 서울역 공항철도 타는 곳에서 중국 가는 일행이 함께 만났습니다. 나는 강 권사님 소개로 처음 엘리야 선교사님과 한 목사님을 만나서 악수를 했더니, 십사만 사천의 성도라고 반갑게 맞아 주었습니다. 그러자 강 권사님과 엘리야 선교사님과 한 목사님, 그리고 곁에 있던 '빛의 사자' 목사님이 나에게 모두 축하한다고 인사를 하지 않겠습니까! 나는 그 의미를 잘 몰랐지만, 그저 "감사합니다"라고 인사를 했습니다.

이어서 한 목사님이 나에게 차분하게 십사만 사천의 성도가 어떤 성도인지를 설명해 주었습니다. 2010년 9월부터 추수사역을 하기 위해 미카엘 천사장이 흰말을 타고 한국에 와 있으며, 오늘 엘리야 님과 인 가진 천사와 함께 악수를 할 때 몸 안에 들어 있던 가라지가 모두 떨어져 나갔고, 동시에 마리아엘 천사가 하나님의 전신갑주를 입혀 주었으며, 그리고 이마에 성령 하나님의 인을 찍어 주었다는 말씀을 듣게 되었습니다.

'하나님의 추수 메달'에 대하여는 성경에는 기록된 곳이 없고, 요한계시록 10장 2절 '작은 책'에 들어 있는 내용이지만, 나에게 '하나님의 추수 메달'을 받으라고 했습니다. 이 메달은 십사만 사천 성도라는 표식으로, 또 하나님께서 '큰 환난'에서 특별히 보호해 주시기 위해 '하나님의 추수 메달'을 받게 되었다고 설명해 주었습니다.

그리고는 엘리야 선교사님이 내 목에 '하나님의 추수 메달'을 걸어 주는데, 나는 너무 감격하여 눈물이 핑 돌았습니다. 내가 무엇이기에 우리 하나님께 이러한 영광스런 자리에 올려 주시는지 감격해 하며 감사하는 마음으로 벅찼습니다.

한 목사님은 나에게 앞으로 이 '하나님의 추수 메달'을 평생 목에 걸고 다녀야 하며, 소중하게 잘 간직하여야 하고, 나중에 자녀들에게 물려줄 수 있다고 말해 주었습니다. 특히 '큰 환난' 때에는 이 메달이 강한 영적인 빛을 발산하므로 천사들이 그 빛을 보고 우리를 구해 줄 것이며, 이 메달로 병도 낫게 되고, 또 사업도 잘되게 하는 축복의 메달인 것을 알게 되었습니다.

4박 5일 동안의 백두산 성지 등반은 그야말로 은혜의 도가니였습니다. 미카엘 천사장을 위시하여 마리아엘 천사, 가브리엘 천사장, 라파엘 천사장 등 1,000명 이상의 천사들이 백두산 등반에 동행했을 뿐만 아니라, 엘리야 님과 함께하는 여행인지라 어느 곳에 머물든지 성령님의 불이 임하는 그런 산 체험을 하게 되었습니다. 그렇게 백두산 성지 등반은 온전히 하나님의 은혜 가운데 잘 다녀오게 되었습니다.

백두산 성지 등반을 다녀온 후에도 나는 십사만 사천의 '하나님의 추수 메달'을 항상 소중하게 간직하며, 매일 가지고 다녔습니다. 그러다가 2011년 10월 29일 친구들과 함께 공주 계룡산에 등산을 갔다가 넘어져 허리와 다리를 다쳐서 잘 걷지를 못했습니다. 나는 하는 수 없이 11월 7일에 병원에 입원을 했습니다. 나는 메달을 몸에 항상 지니고 다니라고 해서 메달을 잊어버릴까 봐 항상 브래지어 속에다 넣고 다녔습니다.

그런데 11월 9일 아침 병원에서 세수를 하고 머리를 감는데 뗑그렁 하고 메달이 떨어졌어요. 그래서 나는 머리를 다 감은 후에 메달을 가져가야지 했는데 깜박하고 메달을 세면장 위에 놓고 나의 병실로 왔습니다.

그 후 퇴원한 지 2, 3일 후에야 메달 생각이 나서 나는 병원으로 달려갔으며, 청소 아줌마에게 물어보고, 또 입원 환자에게 다 물어보고 해도 아무도 모른다고 했습니다. 나는 며칠 동안 고민하고 걱정하다가 강 권사님에게 메달을 잊어버린 얘기를 하게 되었습니다. 두 사람은 "서울에 있는 두 선교사님께 말씀을 드릴 수 없어요", 그리고 "큰일 났다" 하며 같이 걱정을 했습니다.

나는 잊어버린 메달 때문에 너무나도 심란하고 걱정이 되었습니다. 나의 몸에 메달이 없으니 힘도 없고 기운도 없고 밥맛도 없고 걱정만 했습니다. 며칠 후에 강 권사님이 또 사무실에 오셨기에 "어떻게 하면 좋아! 메달 때문에 걱정이 된다" 했더니 강 권사님은 함께 기도하자고 했습니다.

하나님에게 간절하게 기도하기로 했으며, 기도하는 중에라도 마리아엘 천사를 시켜서 찾아 달라고 기도하기로 하고 헤어졌습니다. 그 후 11월 19일에도 나는 잠자기 전에 간절하게 메달을 찾게 해 달라고 하나님께 계속하여 기도하였으며, 밤 12시경에 피곤하기도 하고 눈도 아파서 불을 끄고 잠을 잤습니다.

나는 잠을 자다가 무심코 왼쪽 손에 무언가 쥐어져 있는 느낌이 들어서 잠결에 손을 만지작만지작해 보았는데 동그란 금속 같은 것이 손바닥에 있는 느낌을 받았습니다. 그래서 나는 벌떡 일어나 전깃불을 켜고 내 왼쪽 손바닥을 보니, 내가 그토록 찾던 '하나님의 추수 메달'이 손에 쥐어져 있는 것이 아닙니까! 나는 분명 잠자고 있었는데, 바로 내가 그토록 찾던 '하나님의 추수 메달'이 내 왼손에 쥐어져 있었으니 이 얼마나 신기한 일입니까?

나는 꿈인지 생시인지 너무도 반갑고도 기뻐서 늦은 시간인데도 강 권사님께 전화를 걸었습니다.

"강 권사님, 글쎄 자다가 내 왼손에 잡히는 것이 있어서 불을 켜고 보니 내 '하나님의 추수 메달'이었어요. 너무도 놀랍고 감사해요"라고 말했더니 강 권사님은 "정말이지요? 정말? 놀라운 일이네요. 천사가 찾아 준 것이 분명하네요.

서울에 와 있는 미카엘 천사장 만나다

할렐루야!" 하면서 함께 기뻐했습니다.

다음 날 우리 두 사람은 밤중에 자다가 찾게 된 그 메달을 꺼내 보면서 우리 하나님께 감사를 드렸습니다.

그리고 2011년 12월 8일 저녁 상주에서 백두산 성지 등반을 갔었던 일행 9명 중 8명이 모여서 중보 기도회를 가진 적이 있었습니다. 그날 밤에 중보 기도가 끝난 후, 내가 '하나님의 추수 메달'을 잊어버렸다가 기적적으로 찾게 된 간증을 하게 되었습니다.

간증을 듣던 사람들 모두가 이러한 일은 매우 특별한 체험이고 기적이라고 하면서 박수를 치며 하나님께 영광을 돌려 드렸습니다. 그러자 저의 간증을 듣고 있던 마리아엘 천사가 하는 말이 "권사님이 너무나도 간절하게 하나님께 기도하셨으므로 하나님께서 제 옆에 있던 에스더 천사를 보내어서 권사님이 자는 동안 그 메달을 왼손에 쥐어 주었답니다"라고 말했습니다. 마리아엘 천사의 말은 엘리야 선교사님이 통역해 주었습니다.

마리아엘 천사는 내가 메달을 잊어버렸을 때, 저의 메달이 어디에 있었는지에 대하여 더 자세하게 설명해 주었습니다. 병원에서 머리를 감다가 세면대 옆에 두었으나 메달이 아래로 떨어졌으며, 세면대 구석에 놓여 있었으나, 아무도 발견하지 못했다고 말해 주었습니다.

하나님께서 에스더 천사를 시켜서 잠자고 있던 저에게 잊
어버렸던 저의 메달을 찾게 해 주신 우리 하나님께 무한한
감사와 찬양을 올려 드립니다.

서울에 와 있는 미카엘 천사장 만나다

8

천사와의 만남(일화 모음)

천사를 거느리는 은사는 성령의 은사와 또 다른 은사입니다. 천사들은 하나님이 보낸 하나님의 사자들이므로 천사를 거느리는 은사는 하나님께서 직접 주시는 은사이며 큰 축복 중에 하나입니다.

천사들은 하나님께서 쓰시는 사자들이지만, 하나님의 사람들에게는 부리는 영으로 보내 주고 있습니다. 히브리서 1장 14절에는 분명하게 **"모든 천사들은 구원받을 상속자들에게 부리는 영 또는 섬기는 영"**이라고 기록하고 있습니다.

여기에서 하나님께서 섬기는 천사를 보내 줄 때에는 아무에게나 보내 주는 것이 아니라 하나님께 인정을 받은 자, 특히 천국의 기업을 상속받을 만한 특별한 성도들에게만 보내 주고 있습니다.

성경에는 천사들을 만났거나 거느리고 다녔던 사람이 여러 명이 있습니다. 그중에는 아브라함(창 18장 2절), 모세(출 3장 2절), 여호수아(수 5장 14절), 다니엘(단 10장 13절), 사가랴(눅 1장 13절), 마리아(눅 1장 26절), 양 치던 목자들(눅 2장 10절), 베드로(행 12장 7절), 바울(행 27장 23절), 요한(계 1장 1절; 22장 8절) 등이 있습니다.

그럼에도 불구하고 마태복음 13장 36~43절에 예언한 말씀대로 천사들이 추수사역을 하기 위해 한국에 왔다고 해도 한국에서는 잘 받아 주지도 않습니다. 왜냐하면, 유난하게도 한국에는 이단에 속한 사람들이 많아서 영적으로 혼란을 주고 있기 때문입니다.

엘리야 선교사와 한 목사가 만나는 사람들에게 하나님이 보낸 천사들을 직접 만나고 있다고 했더니 "웬 천사?"라고 하면서 도무지 믿으려고 하지 않습니다. 어떤 분들은 혹시 꿈이나 환상으로 천사를 보고 하는 얘기가 아니냐고 말하면서 믿지를 않습니다.

심지어 이단을 분별한다는 어떤 목사는 하나님의 계시가 성경 66권의 문서로 완성된 이후에는 천사의 출현이 중단되었다고 매우 엉뚱한 주장을 하고 있습니다.

그렇다면, 요한계시록은 21세기의 상황이고 온통 천사들의 이야기로 가득 차 있고 천사가 장차 일어날 일을 알려 주고 있는데 천사가 나타나지 않는다면 요한계시록의 예언은 사장되고 말 것입니다. 이러한 일은 하나님께서 하시는 일을 제한하는 일로서 하나님께 무서운 책망을 받게 될 것입니다. 그동안 많은 분들이 엘리야 선교사와 한다니엘을 만나서 두 사람의 곁에 있는 천사들을 만나 보기도 하고 엘리야 선교사의 통역으로 대화를 나누며 천사들의 존재를 검증도 하고 확인을 하기도 하였습니다.

한국 사람 엘리야 선교사는 천사들을 결코 꿈이나 환상으로 보는 것이 아니라, 평상시에 어느 곳에서나 그리고 아무 때나 천사와 만나서 대화를 나누고 있으므로 실제로 있는 현실 그대로 그들과 함께 생활을 하고 있습니다.

엘리야 선교사 곁에서 함께 생활하다 보면, 천사들이 불꽃 같은 눈으로 항상 지켜 주고 있고, 길을 안내하는가 하면, 찬양도 들려주고 있고, 또 어디에서 가져온 것인지는 잘 모르지만 꽃향기도 가져다주고 있습니다.

다음은 엘리야 선교사 곁에 있는 마리아엘 천사와 가진 일화를 소개하고자 합니다.

제1화: 주인님 저를 따라오세요

마리아엘 이미지

2009년 3월 어느 날이었습니다.

엘리야 선교사 곁에 있는 마리아엘 천사가 "서울에서 가장 맛있는 빵이 무엇인지 아느냐" 물었습니다.

엘리야 선교사가 "잘 모른다" 했더니, 마리아엘은 "그 빵 이름이 '리치몬드'라는 빵"이라고 말해 주었습니다.

"그래, 그러면 다음에 한번 빵을 먹으러 가지"라고 엘리야 선교사는 대답했습니다.

그런 일이 있은 후, 5월 중순께 엘리야 선교사와 한다니엘이 빵집에 갈 일이 생겼습니다. 이틀 후면 엘리야 선교사의 생일인지라 한다니엘이 빵을 사서 선물을 하고 싶어서

서울에 와 있는 미카엘 천사장 만나다

입니다. 전에 마리아엘 천사가 한 말이 생각이 나서 한다니엘이 엘리야 선교사에게 "마리아엘 천사가 소개한 리치몬드 빵집에 가면 어떻겠느냐"라고 제안했습니다.

그러자 이 말을 듣자마자 마리아엘 천사가 "제가 리치몬드 빵집으로 안내를 하죠"라고 엘리야 선교사에게 말했습니다.

엘리야 선교사가 "그래, 그럼 그 빵집이 어디에 있는지도 모르는데 어떻게 가지?"라고 반문하였습니다.

"주인님, 저를 따라오세요. 2호선 지하철을 타고 홍대역에서 내리세요."

마리아엘 천사는 엘리야 선교사에게 깍듯이 주인님이라고 부르고 있습니다. 정말로 마리아엘 천사는 엘리야 선교사를 주인님으로 섬기고 있었습니다.

"마침 잘됐네. 여기가 시청역이니까 홍대역까지 금방 갈 수 있겠다. 마리아엘이 책임지고 오늘 안내를 한번 잘 해봐요."

"주인님, 걱정하지 마세요. 리치몬드 빵집은 서교동에 있어요. 저만 따라오세요."

우리 두 사람은 2호선 지하철을 타고 무작정 마리아엘 천사가 하라는 대로 따라나섰습니다. 두 사람이 가는 길에는 마리아엘 천사만 함께 가는 것이 아니었습니다.

지하철 안에 이미 1,000명의 천사들이 들어와 있었으며, 우리 두 사람과 천사들이 지하철 안에 들어가자마자 그 안에 있던 악한 영들이 모두 도망치고 한 마리도 지하철 안에 없었습니다.

어느덧 홍대역에 도착하자 마리아엘은 서교동 가는 길로 안내를 하고 있었습니다. 버스 정류장에 도착하자 824번 버스를 타라고 하여 두 사람은 버스에 올라탔습니다.

다섯 정거장쯤 갔더니 마리아엘이 다 왔다고 우리를 내리라고 했습니다. "주인님, 여기가 리치몬드 빵집입니다."

버스에서 내려서 바로 앞에 있는 건물을 보자 그곳에 '리치몬드 제과점'이라는 간판이 나타났습니다. 주인에게 물었더니 이곳은 리치몬드 제과점 본점이며, 분점은 홍대역에서 홍대로 가는 방향에 한 곳이 있다고 했습니다.

빵집에 들어가자 고소한 빵 냄새가 콧속으로 스며들었습니다. 천사들이 빵집 안을 여기저기 냄새를 맡고 돌아다녔습니다.

한다니엘이 엘리야 선교사에게 "마리아엘에게 내가 사줄 빵을 골라 달라고 하세요"라고 말하자, 마리아엘은 이미 선물용 빵을 고르고 있었습니다. 마리아엘은 어느새 내가 가진 돈 사정도 알아차린 듯 파운드케이크를 골라 주었습니다.

서울에 와 있는 미카엘 천사장 만나다

한다니엘이 파운드케이크 두 개짜리를 골랐더니 엘리야 선교사 곁에 있던 마리아엘은 하나만 사라고 하였습니다. 그렇게 파운드케이크를 골랐으며, 이어서 다시 우리가 먹을 빵을 더 골라 달라고 하였더니 마리아엘은 빵 한 개와 아이스캔디를 하나씩 골라 주었습니다.

두 사람은 자리에 앉아서 빵을 먹으면서 마냥 즐거운 표정으로 대화를 나누었습니다.

지금도 생각해 보면, 마리아엘은 참으로 대단한 능력의 천사였습니다. 그 넓은 서울 시내에서 가장 맛이 있다고 하는 빵집을 알아냈으며, 또 우리가 전연 모르는 빵집에까지 직접 안내하여 주었기 때문입니다. 참으로 놀라운 일입니다.

제2화: 가스 불을 꺼 주다

한다니엘이 집에서 한참 인터넷에서 블로그를 관리하고 있을 때 엘리야 선교사에게서 전화가 왔습니다. 내일 약속한 일에 대하여 확인하는 전화였습니다.

"접니다. 내일 오전 11시 약속이 그대로 진행이 되겠지요?"

"아닙니다. 내일 이 회장과의 약속은 안 하기로 했고, 같은 시간에 최 회장과의 약속으로 변경이 되었어요. 차라리 잘된 것 같습니다."

"참, 그러면 이 회장과의 약속은 안 만나도 된다니 잘 되었고… 가만있자, 지금 국이 끓고 있는데 다 타 버리겠네. 어쩐다."

"아니, 저하고 전화를 하다가 무슨 말이죠? 국이 탄다니요." 잠시 동안 전화가 중단이 되더니 곧바로 다시 통화하는 소리가 났습니다.

"아아, 한 목사님 이럴 수가 없네요. 이럴 수가 없어."

"이럴 수가 없다니요, 갑자기 무슨 말이지요? 무슨 일이 생겼습니까?"

"아까 전화를 할 때 내가 된장국을 끓이고 있었어요. 목사님과 전화를 하는 동안 내가 혼잣말로 된장국이 끓다가 다 타버리겠다고 했더니, 글쎄, 마리아엘 천사가 이 말을 듣고 가스 불을 꺼 주었어요. 너무 신기하네."

"그럼 마리아엘 천사가 가스 불을 끌 줄도 아네. 정말이요? 너무 신기합니다. 영적인 존재라 그런 일은 할 수 없는 줄 알았는데요."

서울에 와 있는 미카엘 천사장 만나다

"우리 마리아엘이 너무 능력이 많아요. 마리아엘 고마워, 정말 고마워!"

한다니엘은 그동안에 천사들과 함께 생활을 하면서도 천사들이 어떤 힘을 가하여 무슨 일을 돕고 하는 일은 못하는 줄만 알았었습니다.

그러나 오늘 엘리야 선교사는 한다니엘에게 마리아엘 천사가 손으로 눌러서 가스 불을 끈다거나, 짐을 들어 준다거나, 등산할 때 등을 민다거나 하는 행동을 할 수 있다고 알려 주었습니다.

그렇다면 천사들이 두 선교사가 필요한 일에 더 적극적으로 도울 수 있을 것입니다.

제3화: 휴대폰으로 자신에게 카톡을 보내다

엘리야 선교사와 한다니엘은 간혹 서울 시내에 있는 공원에서 만날 때가 많았습니다. 둘이서 한참 얘기를 하고 있는 중에 엘리야 선교사가 갑자기 휴대폰을 들여다보더니 말했습니다.

"아니, 목사님 이상한 일이 다 있네요."

"무슨 일인데요."

"여기 내 휴대폰 좀 보세요. 글쎄 메시지 보낸 사람이 있어서 읽어 보았더니 내가 보낸 카톡이었어요. 내가 나에게 카톡을 보낼 수 있어요?"

"나하고 같이 얘기를 하고 있었는데 언제 누가 선교사님 자신에게 카톡을 보냈단 말인가요?"

"아니, 목사님이 알지를 않소? 나는 서툴러서 남의 전화번호를 찾아서 메시지 보내는 방법도 모르는 사람인데요."

"참, 그렇지요. 선교사님은 휴대폰 조작을 잘 할 줄을 모르는데 이상합니다. 과연 누가 엘리야 님의 휴대폰을 이용하여 엘리야 님 자신에게 카톡을 보냈을까요?"

이때 엘리야 선교사는 곁에 있던 마리아엘 천사가 웃고 있다고 한다니엘 선교사에게 말했습니다.

"그럼 그렇지. 마리아엘 천사가 한 짓이구만. 마리아엘이 간혹 장난을 다 한다니까."

"그렇겠구면요. 마리아엘 천사가 아니면 누가 그런 일을 했겠어요. 가만있어요. 나도 한번 내 전화번호를 찾아서 나에게 카톡을 보낼 수 있는지 시도해 볼게요."

한 목사는 얼른 휴대폰에 자신의 번호를 찾아 "전화 주세요"라고 입력하고 카톡을 보내 보았더니 전송이 되었고 나에게 카톡이 도착하였다.

"맞아요. 내가 내 휴대폰 번호로 나에게 카톡을 보낼 수 있네요."

역시 마리아엘 천사는 머리가 비상한 천사였습니다. 엘리야 선교사를 기쁘게 해 주려고 마리아엘 천사가 엘리야 선교사 모르게 휴대폰에 카톡을 입력하여 다시 엘리야 선교사에게 보냈던 것입니다.

제4화: 요한계시록 중요한 말씀에 줄을 그어 주다

어느 날 마리아엘 천사가 엘리야 선교사에게 요한계시록이 매우 중요한 책이므로 한번 다 읽으면 좋겠다고 말하였습니다. 그래서 엘리야 선교사는 마리아엘 천사가 말한 대로 요한계시록을 한참 동안이나 읽고 있었습니다.

마리아엘 천사는 엘리야 선교사가 요한계시록을 열심히 읽고 있는 모습을 보고 있다가 말했습니다.

"주인님, 요한계시록에는 세상 사람들이 모르는 하늘의 비밀이 많이 숨겨져 있어요. 제가 알려 드릴까요?"

"그냥 말로 해 주려고? 그러면 금방 잊어버리는데."

"그럼 제가 중요한 부분에 줄을 그어 드릴게요."

"뭐, 마리아엘이 책에다가 줄을 그을 수 있나?"

"그럼요. 제가 그어 드릴게요. 잘 보세요."

마리아엘 천사는 요한계시록에서 중요한 대목마다 꼬불꼬불하게 밑줄을 그어 주었습니다. 엘리야 선교사는 마리아엘 천사가 줄을 꼬불꼬불하게 그을 때마다 너무 신기하기만 하였습니다.

그다음 주일에 엘리야 선교사는 한다니엘과 만나서 마리아엘 천사가 밑줄을 쳐 준 요한계시록을 보여 주었습니다.

"목사님, 마리아엘 천사가 하늘의 비밀에 속한다고 밑줄을 쳐 준 것을 보실래요?"

"네, 너무 궁금합니다. 천사가 그어 준 줄 모양이 더 궁금합니다."

엘리야 선교사는 한다니엘에게 마리아엘 천사가 요한계시록에 그어 준 밑줄을 보여 주었습니다. 밑줄은 꼬불꼬불하게 일정한 모양을 하고 있었으며, 엷은 파란색으로 분명하게 표시되어 있었습니다.

"엘리야 님, 이 세상에 천사가 그어 준 밑줄 정말로 신기합니다. 잘 보존하십시오."

마리아엘 천사가 줄을 그어 준 부분은 요한계시록 11장 3

절과 11절, 요한계시록 12장에서 1절, 2절, 3절 그리고 6절이었으며, 또 요한계시록 13장에서 5절, 11절, 13절, 15절, 16절, 17절이었습니다.

다음은 마리아엘 천사가 줄로 표시한 부분을 소개하기로 합니다(엷은 파란색 꼬불꼬불한 선으로 밑줄을 그리지 못한 점 양해를 구합니다).

(계 11장 3절) 내가 나의 두 증인에게 권세를 주리니 그들이 굵은 베옷을 입고 **천 이백 육십 일**을 예언하리라

(계 11장 11절) **삼 일 반 후**에 하나님께로부터 생기가 그들 속에 들어가매 그들이 발로 일어서니 구경하는 자들이 크게 두려워하더라

(계 12장 1절) 하늘에 큰 이적이 보이니 해를 옷 입은 **한 여자**가 있는데 그 발아래에는 달이 있고 그 머리에는 열두 별의 관을 썼더라

(계 12장 2절) 이 **여자가 아이를 배어** 해산하게 되매 아파서 애를 쓰며 부르짖더라

(계 12장 3절) 하늘에 또 다른 이적이 보이니 보라 한 **큰 붉은 용**이 있어 머리가 일곱이요 뿔이 열이라 그 여러 머리에 일곱 왕관이 있는데

(계 12장 6절) 그 여자가 광야로 도망하매 거기서 **천 이백 육십 일** 동안 그를 양육하기 위하여 하나님께서 예비하신 곳이 있더라

(계 13장 5절) 또 짐승이 과장되고 신성 모독을 말하는 입을 받고 또 **마흔 두 달** 동안 일할 권세를 받으니라

(계 13장 11절) 내가 보매 또 **다른 짐승이 땅에서** 올라오니 어린 양같이 두 뿔이 있고 용처럼 말을 하더라

(계 13장 16절) 그가 모든 자 곧 작은 자나 큰 자나 부자나 가난한 자나 자유인이나 종들에게 그 **오른손에나 이마에 표를 받게 하고**

(계 13장 17절) 누구든지 이 표를 가진 자 외에는 **매매를 못 하게** 하니 이 표는 곧 짐승의 이름이나 그 이름의 수라

제5화: 문자 메시지 "사랑해요 마리아엘"

엘리야 선교사를 만나면 천사를 만났던 경험이나 그의 주위에서 일어난 일화를 많이 들을 수 있습니다.

엘리야 선교사를 섬기고 있는 천사 중에 '다른 천사(계 7장

2절의 '다른 천사)'인 마리아엘 천사는 엘리야 선교사와 한 목사를 서교동에 있는 빵집에 안내를 해주는가 하면, 끓고 있는 냄비에서 국물이 넘치자 가스 불을 꺼 주기도 하고, 멀리 보이는 친구도 찾아 주고, 지하철에서 자리를 잡아 주기도 하고, 전화번호도 모르는 미국의 S목사님에게 국제 전화도 해 주는 등 많은 일을 도와주고 있습니다.

오늘은 마리아엘 천사가 엘리야 선교사를 도와주고 있는 매우 특별한 일 한 가지를 소개하고자 합니다.

어젯밤 11시가 지나서 제 휴대폰에 메시지가 왔다는 신호음이 들렸습니다. 휴대폰을 열어 보았더니 엘리야 선교사에게서 문자 메시지가 와 있었습니다. 엘리야 선교사는 휴대폰으로 메시지를 보내는 요령을 잘 모르는 분인데 어떻게 메시지를 보냈을까 생각하며 휴대폰을 열어 보았습니다.

"사랑해요 마리아엘"이라는 내용이었습니다. 저는 천사의 메시지를 받자 순간 마음에 뜨거운 감동을 받았습니다. 사람에게서 메시지를 받은 것이 아니라 천사에게서 휴대폰 메시지를 받았기 때문입니다. 나는 곧바로 **"할렐루야 감사하며 사랑해요"**라고 답장을 보냈습니다.

그 후 2월 8일 토요일에 십사만 사천으로 인침 받은 김○

○ 집사님에게서 전화가 왔습니다. 마리아엘 천사로부터 김 집사에게 **"사랑해요 마리아엘"**이라는 메시지를 받았다고 너무 감격해하며 감사했습니다. 그래서 한 목사가 엘리야 선교사에게 전화했더니 마리아엘 천사가 메시지를 보낸 것이라고 말해 주었습니다.

실제로 마리아엘 천사는 인침 받은 십사만 사천의 여러 성도들이 헌금할 때마다 일일이 **"사랑해요 마리아엘"**이라는 메시지를 계속 보내며 격려하고 천사와의 교제를 체험하도록 하고 있었습니다.

사실 우리는 성령 하나님께로부터 "사랑해요"라는 문자 메시지를 받는 일은 불가능합니다. 이와 같이 마리아엘 천사가 문자로 사랑한다는 메시지를 보낸 것은 성령 하나님께서 천사를 시켜서 문자를 보내고 위로하고 격려하고 있다는 것입니다.

비록 천사가 눈에는 보이지 않을지라도 천사로부터 문자 메시지를 받았을 때, 마치 성령님을 만나는 것처럼 천사를 통하여 영적인 교제함을 뜨겁게 체험하게 하고 있습니다.

제3편

미카엘 천사장과의
만남

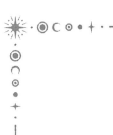

천사들은 하나님의 사자들이며 일꾼들입니다. 일반적으로 천사들이 하는 일은 하늘과 땅에서 하나님의 명령을 따라 순종하며, 하나님의 뜻을 행하는 것입니다.

천사들은 온전히 하나님의 뜻을 받들어 수행하는 일을 하므로 우리는 천사들이 알려 주는 말이나 어떤 일들이 있으면, 하나님께서 직접적으로나 간접적으로 천사를 통하여 말씀하는 것으로 받아들여야 합니다.

어떤 때에는 하나님께서 천사를 통하여 말씀하기도 하시고 천사와 함께 나타나기도 하십니다. 그러므로 천사들이 나타나게 되면, 하나님의 임재가 나타나는 것으로 받아들여야 합니다.

이와 같이 천사들은 하나님께서 맡기신 매우 중요한 일을 하고 있고, 또 천사들이 있는 곳에 하나님의 임재가 나타나게 되므로 한국과 같이 천사들이 많이 와 있는 나라는 축복 된 나라일 것입니다.

특히 하나님이 직접 보낸 미카엘 천사장과 수많은 천사들이 추수사역을 위해 한국에 벌써 수만 명 이상이나 와 있습니다. 또 한국 사람을 통해 천사들과 함께 이 추수사역을 하게 하는 일은 주님의 재림을 준비하는 일이므로 우리 하나님의 큰 축복이 아닐 수 없습니다.

특히 천사들에게는 천사장급의 천사가 있고 일반 천사가 있는 등 그들 나름대로 일정한 위계질서가 있습니다. 천사들에게는 리더에 속하는 천사장이 있으며, 일곱 천사장 이름은 미카엘, 가브리엘, 우리엘, 라파엘, 라구엘, 사라카엘, 레미엘입니다. 일곱 천사장 중에 미카엘과 라파엘 두 천사장 외에는 모두 여자 천사장입니다.

여기에서는 일곱 천사장 중에서 가장 능력이 많고 천사들의 총대장이며 군대장관인 미카엘 천사장에 대하여 소개하고자 합니다. 미카엘 천사장이 현재 추수사역을 위해 한국에 와 있으므로 그가 누구인지, 어떤 일을 해 왔는지, 그의 생김새 등을 알아보기로 합니다.

서울에 와 있는 미카엘 천사장 만나다

미카엘 천사장은 예수 그리스도가 아니다

어느 종교 집단에서는 미카엘 천사장이 예수 그리스도와 같은 분이라고 주장을 합니다. 특히 여호와 증인은 미카엘 천사장이 예수 그리스도와 같은 분이라고 믿고 있습니다. 그러나 미카엘은 결코 예수 그리스도가 아닙니다. 현재 서울에 와 있는 라파엘 천사장과 마리아엘 천사가 소개하는 미카엘 천사장에 대하여 확실하게 아시기 바랍니다.

미카엘 천사장은 하나님의 군대장관으로서 천사장 중에서 가장 으뜸가는 천사장입니다. '미카엘'이라는 말은 '하나님과 같은 자는 누군가'라는 뜻이며, 하나님과 유사한 능력의 소유자입니다.

미카엘 천사장은 하나님께서 가장 아끼는 천사장입니다. 하나님께서는 미카엘 천사장을 무려 3,000억 년 전에 창조하셨습니다. 그러므로 미카엘 천사장은 하나님의 피조물이므로 예수 그리스도와 동일한 인물이 아닙니다.

물론 미카엘 천사장은 어느 것 하나 자신의 생각대로 하지 않고 온전히 하나님의 뜻을 따라 하나님께 충성스럽게 모든 일을 해 왔습니다. 그러므로 요한계시록에 기록된 우리 하나님의 하신 일들을 보면, 하나님께서 모든 총괄적인 일을 온통 미카엘 천사장을 시켜서 하고 있으며, 거의 미카엘 천사장의 손길이 닿지 않는 곳이 없을 정도입니다.

미카엘 천사장이 한국에 오기 전까지는 가브리엘 천사장과 함께 두 천사장만이 항상 하나님 앞에 서 있었으며, 그는 그의 천사들과 함께 중간 천국(낙원)을 지키고 있었습니다.

하늘에서 미카엘 천사장의 부하들인 수많은 천사들은 현재 한국에 와 있으므로 그가 낙원을 지키고 있는 일, 한국에 와서 추수사역을 하는 일 등을 너무 잘 알고 있습니다.

그러므로 천사들에게 이런 미카엘이 예수 그리스도와 같은 분이라고 함부로 말했다가는 안 될 것입니다.

또 엘리야 선교사는 영안이 열려 있으므로, 미카엘 천사장을 직접 매일 만나고 있습니다. 그는 매일 미카엘 천사장을 만나서 함께 재림 준비사역을 하고 있는데, 미카엘이 예수 그리스도와 같은 분이라고 함부로 말하면 안 됩니다.

그러므로 미카엘을 예수 그리스도라고 말하는 이단들은 회개해야 합니다. 이런 일은 이단 집단에서 성자 예수 그리스도를 한낱 미카엘 천사장이라고 폄하하므로 성령을 훼방하는 것과 같은 죄를 범하는 일이 되기 때문입니다.

미카엘 천사장의 모습

　한국 사람으로서 엘리야 선교사는 보통 눈에 보이지 않는 미카엘을 대낮에 눈으로 보고 있고 수시로 미카엘과 대화를 나누고 있습니다. 그가 본 미카엘 천사장의 모습을 소개합니다.

　미카엘 천사장은 매우 무서운 모습이며, 그의 눈에서 파랗고 붉은 빛이 나옵니다. 그의 키는 8m 정도 장대하고 몸집이 매우 큽니다. 그의 몸통 둘레가 3m 정도 되고 눈알 한 개의 크기는 직경 20㎝ 정도가 된다고 합니다.

　그리고 그는 흰옷을 입고 있으며 그의 등에 6개의 날개가 있고, 손바닥 하나의 크기는 바둑판만 하다고 합니다. 그는 항상 그의 머리 위에 무지개를 달고 다닙니다.

　미카엘 천사장은 칼 두 개를 양 허리에 차고 다닙니다. 이 칼은 폭이 25㎝ 정도이고 길이는 1m 50㎝ 정도이며 칼끝은 뭉툭하고 둥그스름하게 되어 있습니다. 미카엘의 칼은 필요할 때 수십 10m씩 늘어나다가 50m까지도 마음대로 늘어나는 특별한 칼입니다. 그러므로 미카엘이 이러한 칼을 사용하여 싸운다면, 어떤 사람이든 용이든 사단이든 간에 아무도 그를 결코 이길 수는 없습니다.

　특히 미카엘의 키는 보통 때는 8m 정도 되지만 하나님께

서 허락하시면 100m 정도까지 커질 수 있는, 매우 능력 있
는 천사장입니다.

다윗이 만난 미카엘

여호와의 사자가 오르난의 타작마당에 나타났는데, 바로
이때 나타난 여호와의 사자는 **미카엘 천사장**이었습니다(대상
21장 16~30절).

다윗 왕이 이 여호와의 사자인 미카엘 천사장을 보았습니
다. 그러나 다윗 왕이 본 미카엘은 매우 특별한 모양이었으
며, 역대상 21장 16절에 **"여호와의 사자가 천지 사이에 섰고
칼을 빼어 손에 들고 예루살렘 편을 가리켰는지라"**라고 기록하
였습니다.

다윗 왕이 본 바와 같이 미카엘 천사장이 선 모습을 보니
"천지에 찼다"라고 기록하고 있습니다. 이것은 미카엘 천사
장의 키가 보통은 8m 정도이지만, 여기에서 미카엘 천사장
의 키가 100m 이상이나 늘어나자 천지에 꽉 차게 선 모습
을 본 것입니다.

또 다윗이 오르난의 타작마당에서 번제와 화목제를 드렸을 때, 여호와 하나님께서 하늘로부터 불을 제단에 내리어 응답해 주셨습니다. 그리고 다윗 왕이 보고 있는 중에 주께서 천사(미카엘 천사장)에게 명하셔서, 그의 칼을 칼집에 꽂게 하셨습니다(대상 21장 27절).

그러나 역대상 21장 30절에 보면, **"다윗이 여호와의 사자의 칼을 두려워하여 감히 그 앞에 가서 하나님께 묻지 못함이라"**라고 기록하고 있습니다. 여기에서 다윗 왕이 미카엘 천사장의 50m 이상이나 늘어난 큰 칼을 보았기 때문에 그는 여호와의 사자인 미카엘 천사장과 그의 칼을 두려워했던 것입니다.

미카엘 천사장의 눈에서 붉은빛이 나오고, 늘어난 키가 100m 이상이나 되고, 그리고 50m나 되는 긴 칼을 빼 들고 거기에 서 있었다면, 다윗 왕은 그러한 미카엘 천사장을 보자마자 매우 놀라고 두려워했을 것입니다. 다윗 왕도 장수이지만, 이렇게 길고 무서운 칼을 찬 미카엘 천사장의 모습을 처음 보았을 것입니다. 그래서 다윗 왕은 미카엘 천사장의 큰 키와 기다란 칼을 보고는 너무 두려워서 하나님에게 물어볼 생각도 못 하였다고 기록했습니다.

하나님의 말씀을 가지고 온 미카엘

모세오경은 모세가 기록한 것입니다. 그러나 모세오경의 기록은 직접 모세가 기록한 것이 아니라, 모세가 천사의 도움을 받아 기록한 것입니다. 그 천사는 바로 **미카엘 천사장**이었습니다. 사도행전 7장 53절에서 스데반은 그의 설교 중에 천사가 전한 율법(모세오경)을 받고도 지키지 않았다고 책망하였습니다. 스데반은 성령 충만하여 설교하기를 율법(모세오경)은 천사가 전하여 기록한 것이라고 말하고 있었습니다.

"너희가 천사의 전한 율법을 받고도 지키지 아니하였도다 하니라."(행 7장 53절)

먼저 미카엘 천사장이 하나님이 지시한 모든 것을 모세에게 말하였으며, 그때 모세는 천사장에게 들은 것을 기록자에게 말하였고, 기록자는 모세오경을 기록한 것입니다. 이 기록을 도와준 사람은 여호수아였으며 그가 모세를 도와 모세오경을 기록한 것입니다.

또 예레미야서 2장 1절에 **"여호와의 말씀이 내게 임하니라 이르시되"**라고 기록되어 있습니다. 여기에서 **"여호와의 말씀이 임한다"**라는 말씀이 무슨 뜻일까요? 이에 대하여 라파엘 천사장은 엘리야 선교사의 통역을 통하여 답해 주었습니다.

'**하나님이 말씀을 주실 때에 미카엘 천사장을 통하여 예레미야에게 전달하였다**'라고 답해주었습니다. 하나님의 말씀을 가진 미카엘 천사장이 예레미야에게 왔으므로 그는 "**하나님의 말씀이 나에게 임하였다**"라고 기록한 것입니다.

모세오경과 예레미야서뿐만 아니라 거의 모든 성경을 이와 같은 방식으로 기록하게 했습니다. 말하자면, 미카엘 천사장이 하나님께로부터 받은 말씀을 가지고 와서 하나님의 영감을 받은 사람들에게 말씀을 전달하여 그 저자가 기록하게 한 것입니다.

그러므로 모든 성경은 하나님의 감동을 입은 사람이 미카엘 천사장을 통하여 받은 말씀을 기록한 것이므로 모든 성경은 온전히 일관성이 있는 정확무오한 하나님의 말씀이 된 것입니다. 단지 요한계시록만은 요한에게 우리 주님의 말씀을 일러 준 천사는 가브리엘 천사장이었습니다.

이스라엘을 도와준 미카엘

미카엘 천사장은 성경에 가장 자주 등장하는 천사장입니다. 여호수아서 5장 13~15절에 보면 여호수아가 여리고성에 가까이 왔을 때 칼을 빼어 손에 들고 마주 서 있는 여호와의 군대장관을 만났습니다. 이 군대장관은 바로 **미카엘 천사장**이었습니다.

그리고 히스기아 왕 때에 아시리아 왕이 유대를 멸망시키려고 위협을 했을 때, 하나님이 그 당시에 천사들을 보냈으며, 천사들이 아시리아 진영에 들어가서 아시리아의 군사 십팔만 오천을 죽였습니다. 이때 활동한 천사들이 바로 **미카엘 천사장과 그의 부하들**이었습니다.

"이 밤에 여호와의 사자(천사)가 나와서 앗수르 진에서 군사 십팔만 오천을 친지라 아침에 일찍이 일어나 보니 다 송장이 되었더라."(왕하 19장 35절)

다니엘 3장 24~30절에서 사드락, 메삭과 아벳느고가 그들의 신들을 섬기지 않고, 그들의 왕의 금 신상 앞에 절을 하지 않았기 때문에, 느부갓네살 왕은 세 사람을 가장 힘이 센 군인들에게 명하여 그들을 묶어서 극렬히 타는 풀무 불에 던져 넣게 하였습니다. 이때 하나님께서는 미카엘 천사

서울에 와 있는 미카엘 천사장 만나다

장을 보내어 네 사람을 타지 않고 상하지 않도록 보호해 주신 것입니다.

바벨론 다리오 왕 때에 다니엘이 모함을 받아 사자 굴에 던져졌을 때, 하나님이 그의 천사를 보내어 사자의 입을 봉하였습니다(단 6장 16~23절). 그 당시에 사자로부터 다니엘을 구해 준 천사는 바로 미카엘 천사장이었습니다.

사도행전 5장 17~21절에 보면, 베드로와 사도들을 옥에 가두었는데, 주의 사자가 밤에 옥문을 열고 이들을 끌어내어 나가게 하였습니다. 그때 옥문을 열어 준 주의 천사도 미카엘 천사장이었습니다.

미카엘은 낙원 심판의 집행관이다

대부분의 목회자들은 천국과 낙원을 같은 곳이라고 혼동하고 있습니다. 그러므로 교회에서 목회자들이 천국과 낙원이 같다고 설교하고 있으므로 대부분의 성도들도 천국과 낙원을 구별하지 못하고 있고 같은 곳이라 믿고 있습니다. 정말로 천국과 낙원은 같은 곳입니까?

천국과 낙원을 같은 곳이라고 혼동하게 된 것은 바로 누가복음 23장 42~43절 말씀 때문입니다.

예수께서 십자가에 달리시던 날 강도가 예수께 "**예수여, 당신의 나라에 임하실 때 나를 기억하소서**"(눅 23장 42절)라고 간구했을 때, 예수께서는 "**내가 진실로 네게 이르노니 오늘 네가 나와 함께 낙원에 있으리라**"(눅 23장 43절) 대답하셨습니다. 실제로 많은 사람들이 이 두 구절을 연결시켜 천국과 낙원을 동일하다고 믿고 있습니다.

이 시대에 주님의 재림을 준비하는 주의 종들에게 하나님께서는 '천국과 낙원'에 대한 하늘의 비밀을 밝혀 주시기로 작정하셨습니다. 바로 이 점에 대하여 하나님께 질문하였을 때, 하나님께서는 계시록 10장 2절의 '펴 놓인 작은 책'에 들고 있는 '힘센 다른 천사(계 10장 1절)'인 미카엘을 통해 천국과 낙원에 대하여 바른 해석을 해 주었습니다.

미카엘에게 두 가지 질문을 하였습니다. 십자가상에서 예수께서 구원받은 강도에게 주님이 "**오늘 내가 진실로 네게 이르노니 네가 나와 함께 낙원에 있으리라**"(눅 23장 43절) 하신 말씀은 맞는 말씀입니까? 구원받은 강도는 지금 어디에 있습니까?

두 질문에 대하여 미카엘 천사장은 아래와 같이 대답해

주었습니다.

"십자가에 달린 강도의 영혼은 지금 천국에 있습니다. 실제로 가브리엘 천사장이 현장에서 직접 예수 그리스도의 대답하는 음성을 들었기 때문에 잘 압니다. 예수께서 그 강도에게 '오늘 내가 진실로 네게 이르노니 네가 나와 함께 천국에 있으리라'라고 말씀하셨으나 어떤 필사자가 '내가 진실로 네게 이르노니 네가 오늘 나와 함께 낙원에 있으리라'라고 잘못 기록한 것입니다. 이것은 오랫동안 성경 사본을 필사하여 전달되는 과정 중에 어느 필사자가 낙원과 천국을 같은 곳이라고 착각하고 천국을 낙원으로 잘못 기록한 필사 오류입니다"라고 대답해 주었습니다.

천국과 낙원은 어떻게 다를까요? 주 예수를 믿고 구원받으면 모두 다 천국에 들어가는 것이 아닙니다. 계시록 10장 2절의 '펴 놓인 작은 책'의 해석에 의하면, 오히려 신자가 죽어서 천국에 들어가기 전에 부활 때까지 머무는 중간 단계로서 낙원이 존재함을 말하고 있습니다.

낙원은 하늘 보좌가 있는 천국과는 확연하게 구별되는 장소이며, 낙원은 천국에 가는 중간에 위치하고 있습니다.

어떤 성도는 세상을 떠날 때 직접 천국에 들어가고, 어떤 성도는 낙원이라는 중간 상태에 머물러 있다는 사실은 매우 충격적인 일입니다.

하나님의 인침 받은 성도들은 그들의 이름이 생명책에 들어 있기 때문에 세상을 떠나면 천사의 안내를 받아 곧바로 천국에 들어갑니다. 그러나 인침 받지 못한 성도들이 죽었을 때는 천사의 안내를 받아 낙원에 들어갑니다. 그들은 낙원(樂園)에서 대기하고 있다가 주님이 재림할 때에 낙원 심판을 받은 후에 심판에서 선택받은 성도들의 소수(10%)만 부활하여 주님을 맞이하게 될 것입니다.

주님이 재림할 때에 낙원에 대기하고 있는 성도들이 심판을 받는다는 내용은 계시록 14장 14~16절에 기록이 되어 있습니다.

"14. 또 내가 보니 흰 구름이 있고 구름 위에 인자와 같은 이가 앉으셨는데 그 머리에는 금 면류관이 있고 그 손에는 예리한 낫을 가졌더라 15. 또 다른 천사가 성전으로부터 나와 구름 위에 앉은 이를 향하여 큰 음성으로 외쳐 이르되 당신의 낫을 휘둘러 거두소서 땅의 곡식이 다 익어 거둘 때가 이르렀음이니이다 하니 16. 구름 위에 앉으신 이가 낫을 땅에 휘두르매 땅의 곡식이 거두어지니라"(계 14장 14~16절)

여기에서 **'인자와 같은 이'**는 미카엘 천사장을 가리키고 **'땅의 곡식'**은 낙원에 들어가 있는 성도들을 가리킵니다. 구름 위에 앉아 있는 '인자와 같은 이'인 미카엘이 **"낫을 땅에**

휘두르매 땅의 곡식이 거두어진다" 하는 말은 낙원에서 대기하고 있는 성도들 중에서 미카엘 천사장이 주님의 뜻에 합당하게 살았던 성도들만을 골라내는 심판을 하신다는 말입니다.

또 다니엘서 7장 9절과 10절 말씀을 보면, 미카엘 천사장이 낙원 심판하는 모습을 알려주는 말씀입니다.

"9. 내가 보았는데 왕좌가 놓이고 옛적부터 항상 계신 이가 좌정하셨는데 그 옷은 희기가 눈 같고 그 머리털은 깨끗한 양의 털 같고 그 보좌는 불꽃이요 그 바퀴는 붙는 불이며 10. 불이 강처럼 흘러 그 앞에서 나오며 그에게 수종하는 자는 천천이요 그 앞에 시위한 자는 만만이며 심판을 베푸는데 책들이 펴 놓였더라"(단 7장 9~10절)

다니엘서 7장 9~10절에서 **'머리털이 순결한 양털 같고 타오르는 불이 있는 바퀴가 달려 있고 심판을 베푸는 옛적부터 계신 이'**는 누구일까요?

여기에서 **'옛적부터 계신 이'**는 예수 그리스도가 아니고 바로 미카엘 천사장을 가리킵니다. 왜냐하면 옛적부터 계신 이는 순결한 양털 같은 흰 머리털이 있고, 또 타오르는 불이 있는 바퀴가 달려 있기 때문에 미카엘이 맞습니다.

'옛적부터 계신 이'라 부르는 미카엘 천사장은 성령의 불을 강처럼 흘러내리게 합니다.

다니엘서 7장 9절을 보면 **'옛적부터 계신 이'**라 부르는 미카엘 천사장이 한 왕좌(보좌)에 앉아 있는데 이 왕좌는 낙원 심판을 하는 장면이므로 미카엘은 낙원 심판의 집행관으로 보입니다.

낙원 심판 때에 수천만 명의 천사들이 그 앞에 시위하고 있고 또 "책들이 펴 놓였더라"라는 말은 낙원 심판 때에 사용할 생명책들이 펴 놓였다는 말입니다.

서울에 와 있는 미카엘 천사장 만나다

10

미카엘 천사장의 이미지

미카엘 천사장은 하나님이 가진 엄청난 권능을 지니고 있고, 성경에 나오는 큰 행사에는 거의 미카엘 천사장이 하나님을 대신하여 행하고 있습니다.

미카엘 천사장의 이미지에 대하여 성경에 잘 기록하고 있습니다. 미카엘 천사장의 모습에 대하여 성경에 두 곳에 기록이 되어 있습니다.

먼저 요한계시록 1장 12~16절에는 미카엘 천사장이 '**인자와 같은 이의 모습**'으로 등장하고 있습니다. 그러나 천사들의 해석을 들어 보면, 요한계시록 1장 13~16절에 나타난 '인자와 같은 이'의 이미지는 분명히 미카엘 천사장이라고 말해 주었습니다.

"**13. 촛대 사이에 인자 같은 이가 발에 끌리는 옷을 입고 가슴에 금띠를 띠고 14. 그 머리와 털의 희기가 흰 양털 같고 눈 같으**

며 그의 눈은 불꽃 같고 15. 그의 발은 풀무에 단련한 빛난 주석 같고 그의 음성은 많은 물소리와 같으며 16. 그 오른손에 일곱 별이 있고 그 입에서 좌우에 날 선 검이 나오고 그 얼굴은 해가 힘 있게 비취는 것 같더라."(계 1장 14~16절)

그리고 요한계시록 4장 12~16절과 에스겔 1장 4~25절에는 미카엘 천사장이 네 생물로 묘사되어 있습니다. 미카엘 천사장은 매우 기묘한 존재입니다. 하나님께서 허락하시면 사람의 얼굴, 사자의 얼굴, 소의 얼굴, 독수리의 얼굴의 네 생물이 단독으로 나타나기도 하고 또 어떤 때는 네 생물이 합체되어 나타나기도 합니다.

말하자면, 미카엘 천사장은 필요하면 사람의 얼굴이나 사자의 얼굴이나 소의 얼굴 또는 독수리의 얼굴 모습으로 변하여 얼마든지 나타날 수 있다는 뜻입니다.

미카엘 천사장이 네 생물로서 단독으로 나타나는 모습은 요한계시록 4장 6~8절에 기록이 되어 있습니다.

"6. 보좌 앞에 수정과 같은 유리 바다가 있고 보좌 가운데와 보좌 주위에 네 생물이 있는데 앞뒤에 눈들이 가득하더라 7. 그 첫째 생물은 사자 같고 그 둘째 생물은 송아지 같고 그 셋째 생물은 얼굴이 사람 같고 그 넷째 생물은 날아가는 독수리 같은데 8. 네 생물은 각각 여섯 날개를 가졌고 그 안과 주위에는 눈들이 가득하더라. 그들이 밤낮 쉬지 않고 이르기를 거룩하다, 거룩하다, 거룩하다 주 하나님 곧 전능하신 이여 전에도 계셨고 이제도 계시고 장차 오실 이시라 하고"(계 4장 6~8절)

그리고 에스겔 1장 4~25절에는 미카엘 천사장이 네 생물로 묘사되어 있으며, 네 생물이 합체되어 있는 모습, 그리고 네 생물이 어떻게 행동하는가를 잘 설명하고 있습니다. 에스겔 1장 10~14절을 소개하면 다음과 같습니다.

"10. 그 얼굴들의 모양은 넷의 앞은 사람의 얼굴이요 넷의 오른쪽은 사자의 얼굴이요 넷의 왼쪽은 소의 얼굴이요 넷의 뒤는 독수리의 얼굴이니 11. 그 얼굴은 그러하며 그 날개는 들어 펴서 각기 둘씩 서로 연하였고 또 둘은 몸을 가렸으며 12. 영이 어떤 쪽으로 가면 그 생물들도 그대로 가되 돌이키지 아니하고 일제히 앞으로 곧게 행하며 13. 또 생물들의 모양은 타는 숯불과 횃불 모양 같은데 그 불이 그 생물 사이에서 오르락내리락하며 그 불은 광채가 있고 그 가운데에서는 번개가 나며 14. 그 생물들은 번개 모양 같이 왕래하더라."(겔 1장 10~14절)

미카엘 천사장의 네 가지 얼굴 모습 중에 사람의 얼굴 모습에 대하여는 성경 어느 곳에도 소개되어 있지 않습니다. 구약시대에 미카엘 천사장을 만났던 사람은 아브라함, 야곱, 그리고 다윗 왕 등이 있습니다.

다윗 왕은 오르난의 타작마당에 나타난 여호와의 사자를 만났는데, 바로 이때 나타난 여호와의 사자가 바로 미카엘 천사장이었습니다. 다윗 왕이 이 미카엘 천사장을 볼 때, **"여호와의 사자가 천지 사이에 섰고 칼을 빼어 손에 들고 예루살렘 편을 가리켰는지라"**(역대상 21장 16절)라고 하였습니다. 그러므로 다윗 왕은 키가 너무 큰 미카엘 천사장을 보았으나, 막상 미카엘 천사장의 얼굴 모습은 정확하게 보지 못하였습니다.

신약시대에는 베드로와 사도 요한이 미카엘 천사장을 만나 본 기록이 나옵니다. 사도행전 12장 1~10절에 보면, 베드로가 옥에 갇혔을 때 주의 사자가 감옥 안에 나타나 쇠사슬을 벗겨 주고 옥문을 열어 주어서 탈출시켜 준 내용이 나옵니다. 이때 베드로를 구해 준 천사는 미카엘 천사장이었으나, 베드로는 꿈인가 생시인가를 구분을 못 할 지경인지라 미카엘 천사장의 모습을 기억 못 하고 있었습니다.

그리고 사도 요한은 미카엘 천사장을 보았으나, 주님께서 미카엘 천사장의 얼굴 모습을 '인자 같은 이'의 모습으로, 또는 '네 생물'의 모습으로 요한에게 보여 주었습니다.

드디어 오늘날 한국에 미카엘 천사장의 네 생물 모습을 실제로 눈으로 보는 분이 나타났습니다. 엘리야 선교사는 항상 미카엘 천사장과 함께 다니고 있으므로 미카엘의 네

서울에 와 있는 미카엘 천사장 만나다

생물 모습을 누구보다 가장 잘 알고 있습니다.

어느 주일날 한다니엘이 엘리야 선교사에게 "지금 교회 안에 들어와 있는 미카엘은 어떠한 모습을 하고 있는가"라고 물었습니다. 그러자 엘리야 선교사는 대답하기를 "미카엘이 처음에는 사람의 얼굴을 하고 있다가 2초 후에는 사자의 얼굴 모습으로 변하고 또 2초 후에는 소의 얼굴 모습으로 변하고 또 2초 후에는 독수리 얼굴 모습으로 변하며, 다시 2초 후에는 사람, 사자, 소, 독수리의 네 얼굴이 합쳐진 모습의 얼굴로 변한다"라고 대답해 주었습니다. 이 얼마나 진기하고도 놀라운 일입니까?

드디어 미카엘 천사장의 사람 얼굴과 닮은 얼굴 모습을 사진으로 찍을 기회가 생겼습니다.

2010년 6월 27일 주일 오후였습니다. 엘리야 선교사와 한다니엘이 안산에 살고 있는 박○○ 집사 집에 모여 영화 '쿼바디스'를 감상하려고 컴퓨터를 켤 때였습니다.

엘리야 선교사 곁에 있던 마리아엘 천사가 주연 배우가 등장하자마자 "주인님, 저 배우가 미카엘 천사장 얼굴과 닮은 얼굴입니다. 빨리 사진을 찍으세요"라고 말하였습니다.

그러자 엘리야 선교사는 곧바로 박○○ 집사에게 "저 배우 이름이 누구죠? 맞아요. 1970년대에 있었던 유명한 미국 남자 배우이지요. 사진을 찍어 주세요. 이 배우가 바로 미카엘 천사장과 닮은 얼굴 모습입니다.”

“아, 그래요. 너무 신기합니다. 네, 사진을 찍을게요.” 대답하고는 박○○ 집사가 휴대폰을 꺼내어 주연 남자 배우의 사진을 찍고 있었는데 한 목사도 사진을 찍었습니다.

미카엘 천사장을 닮은 사람 얼굴

한 목사는 사진을 찍으면서 “아, 생각이 났네요. 이 배우가 바로 로버트 테일러입니다. 맞지요?”라고 엘리야 선교사에게 물었습니다.

그러자 엘리야 선교사도 맞장구치며 “맞소. 로버트 테일러요. 박 집사는 젊어서 잘 모르죠?”

“로버트 테일러는 어릴 때에 들었던 유명한 배우이지요. 저도 들어서 알고 있어요. 너무 잘생겼네요. 제가 컴퓨터로 캡처하여서 좋은 사진을 이메일로 보내 드리겠습니다.”

다음 날 박○○ 집사가 한 목사에게 이메일로 미카엘의 얼굴 모습과 유사한 로버트 테일러 사진을 보내 왔습니다.

　　　　서울에 와 있는 미카엘 천사장 만나다

네 생물인 미카엘 천사장의 네 가지 얼굴 모습 중에 사람 모습은 로버트 테일러 배우의 얼굴을 닮은 모습입니다. 오늘날 미카엘 천사장의 얼굴 모습을 자세하게 알아보고 말해 주는 분은 천사들과 엘리야 선교사입니다.

그러나 미카엘 천사장은 날개가 여섯 개나 달려 있고, 너무 잘생긴 미남형의 얼굴이지만 그의 눈은 붉은빛과 파란빛을 발하고 있으며, 그의 눈동자는 파란색이며, 머리털은 흰색이고 투명한 하얀색 옷을 입고 다닙니다.

"사랑이 많으신 우리 하나님 아버지, 미카엘 천사장을 한국에 보내 주시고 그이 얼굴 모습을 알게 하신 우리 하나님께 감사와 찬양을 드립니다. 주님, 미카엘 천사장의 사역을 통해 영광 받으시옵소서. 한민족은 하나님의 선민이오니 천사를 보내어 대한민국의 안보를 지켜 주시옵소서. 주 예수 그리스도의 이름으로 기도드립니다. 아멘."

11.
미카엘 천사장을 만난 사람들

2010년 5월 27일 오후 2~5시 영락교회 베델 기도실에 엘리야 선교사와 한다니엘을 위시하여 S목사 내외, 박○○ 목사, 유○○ 목사, 강 권사, 박 집사 내외, 그리고 최 전도사 이렇게 열 사람이 모여 있을 때 미카엘 천사장이 나타났습니다.

거기 모인 사람들이 미카엘 천사장과 각각 악수를 나누었습니다. 미카엘 천사장과의 악수는 엘리야 선교사가 악수를 할 때 미카엘 천사장이 함께 손바닥을 닿게 하였습니다. 그러나 미카엘 천사장은 영적인 존재이므로, 악수를 하는 사람들은 미카엘 천사장의 손바닥을 전혀 느끼지 못하였습니다.

엘리야 선교사와 악수를 하는 동안 미카엘 천사장과 함께 악수를 했던 것을 눈으로 본 사람은 엘리야 선교사 한 분뿐이었습니다. 이어서 엘리야 선교사가 모인 사람들의 머리에 안수를 해 줄 때에도 미카엘 천사장이 함께 안수를 해 주었습니다.

이때 미카엘 천사장의 안수를 받은 사람들은 성령의 기름 부음을 받았으며, 모두가 감격해하였고 우리 하나님께 감사와 찬양을 올려 드렸습니다.

그리고 미카엘 천사장과 대화를 나누었습니다. 한 목사가 대표로 질문하였으며 엘리야 선교사와 마리아엘 천사가 통역을 해 주었습니다. 미카엘 천사장과 가진 질의응답 내용을 소개합니다.

(Q 1) 요한계시록 1장 13절에 나오는 '인자 같은 이', 그리고 요한계시록 14장 14절의 '사람의 아들과 같은 이'에 대하여 마리아엘 천사에게 물었을 때, '인자 같은 이'는 미카엘 천사장을 의미한다고 대답해 주었는데, 맞는 말입니까?

(대답) 네. '인자 같은 이'는 저 미카엘이 맞습니다.

(Q 2) 요한계시록 4장과 에스겔서 1장에 나오는 네 생물에 대하여 마리아엘 천사에게 질문을 했을 때 네 생물은 미카엘 천사장을 의미한다고 대답해 주었는데, 맞는 말입니까?

(대답) 그렇습니다. 네 생물은 저(미카엘)를 나타냅니다.

(Q 3) 네 생물의 모양은 한 몸으로 합체되거나, 따로따로 나타나기도 합니다. 실제로 미카엘 천사장은 사람의 모습이나, 소나 독수리 또

는 사자의 모습으로 따로따로 변하여 나타날 수 있습니까?

(대답) 그렇습니다. 저(미카엘)는 사람의 모습이나, 소나 독수리 또는 사자의 모습으로 따로따로 변하여 나타날 수 있습니다.

(Q 4) 미카엘 천사장에게는 몇 개의 날개가 달려 있습니까?

(대답) 저에게는 6개의 날개가 있습니다.

(Q 5) 창조주 하나님께서는 지금도 우주에서 창조 활동을 하고 계시는 것으로 알고 있습니다. 성부 하나님만 혼자서 창조하십니까, 아니면 삼위 하나님이 창조를 하십니까?

(대답) 창조하실 때에는 반드시 삼위의 하나님께서 한 몸이 되셔서 창조 활동을 하십니다.

(Q 6) 요한계시록 19장 9절에 '어린 양의 혼인 잔치'에 대하여 기록이 되어 있습니다. 이 혼인 잔치는 언제 열리게 됩니까?

"천사가 내게 말하기를 기록하라 어린 양의 혼인 잔치에 청함을 받은 자들은 복이 있도다 하고 또 내게 말하되 이것은 하나님의 참되신 말씀이라 하기로"(계 19장 9절)

(대답) 이 어린 양의 혼인 잔치는 천년 왕국에서 백 보좌 심판이 끝난 후, 주님이 모든 천국 백성들을 데리고 '새 하늘과 새 땅(하나님의 나라)'에 들어가자마자, 그곳에서 어린 양의 혼인 잔치를 열게 될 것입니다.

(Q 7) 주님이 공중 재림할 때, 낙원에서 대기하고 있던 성도들을 대상으로 심판을 한 후에, 선택된 성도들은 가라지(사단 마귀)를 몰아낸 후, 부활이 되어 공중에서 주님을 맞이하지만, 선택되지 못한 성도들은 어떻게 됩니까?

(대답) 낙원에 있던 성도들을 대상으로 심판할 때, 선택되지 못한 성도들은 곧바로

음부로 보내게 되며, 나중에 백(白)보좌 심판을 받은 후 지옥에 있는 감옥인 무저갱으로 들어가게 됩니다.

(Q 8) 음부에 들어가 있는 사람들의 영혼은 백(白)보좌 심판을 받은 후에 모두 지옥에 보내게 되며, 그곳에서 무서운 고문을 당하게 됩니다. 지옥에서 고문을 하는 것은 누가 담당하게 됩니까?

(대답) 지옥에서 무서운 고문을 담당하는 자는 용이나 악한 사단들입니다. 그러므로 지옥에도 고문을 하는 많은 수의 용 사단들이 들어가게 될 것입니다.

(Q 9) 요한계시록의 기록은 하나님께서 천사(가브리엘)를 보내어 일러주어 기록하게 하였습니다. 다른 65권의 성경의 기록도 천사가 도와주었습니까? 어느 천사가 도와주었습니까?

(대답) 모든 성경의 기록은 요한계시록의 기록처럼 하나님이 꼭 천사들을 보내어 기록하게 하였습니다. 나머지 다른 65권의 책을 기록할 때 하나님께서 저(미카엘)를 보내어 기록자들이 바르고 정확하게 하나님의 말씀을 기록하게 하였습니다.

(Q 10) 어느 날 선교회 일행 8명이 박○○ 집사의 승합차를 함께 타고 상계동 쪽으로 이동하고 있을 때였습니다. 지금 미카엘 천사장이 이 차를 따라오고 있습니까? 미카엘은 지금 날개를 펴고 날아오고 있습니까?

(대답) 지금 미카엘 천사장은 몸 둘레가 3m 정도 되고, 그의 키가 8m 이상이 되어 보입니다. 이 차가 시속 80㎞ 정도 되지만, 날개 달린 흰말을 타고 있는 미카엘 천사장은 바퀴로 굴러서 차 앞에서 빠르게 가고 있습니다.

(Q 11) 지금 이 자동차 안에 많은 천사들이 들어와 있는데, 미카엘 천사장은 이 차 안에 들어올 수 있습니까?

(대답) 미카엘 천사장은 영적인 존재이지만 그의 몸집이 너무 커서 차 안에 들어

올 수 없고, 또 사단처럼 그의 몸을 작게 할 수 없어서 차 안에 들어올 수 없다고 합니다.

(**Q 12**) (엘리야 선교사가 집에 도착하여 컴퓨터를 켜 보았으나, 고장이 나서 인터넷을 검색할 수 없게 되었다. 그래서 미카엘 천사장에게 고쳐 달라고 부탁을 하기로 했다) 미카엘 천사장, 컴퓨터가 고장이 나서 그러는데 고쳐 줄 수 있어요?

(**대답**) 제가(미카엘 천사장) 고쳐 볼게요. 잘될 겁니다. 이 컴퓨터에 바이러스가 들어와서 그렇게 되었네요. (잠시 후) 다 고쳤습니다. 켜 보세요.

엘리야 선교사가 컴퓨터를 켜 보았습니다. 할렐루야! 너무 신기했습니다. 컴퓨터가 정상으로 부팅이 되었고 인터넷도 잘 볼 수 있었습니다. 미카엘 천사장이 컴퓨터를 고치는 그런 능력도 있었습니다.

우리가 아는 대로 미카엘 천사장은 우리 하나님이 하는 일을 대행하는 천사장으로서 천사들 중에 가장 능력이 많고 하나님께 가장 총애를 받는 천사장입니다.

미카엘 천사장을 만나서 대화를 나누었다면 이 일은 이미 성경에 기록될 만한 대단한 사건입니다.

우리 하나님께서 미카엘 천사장을 통하여 천국의 비밀을 알게 해 주셨으므로 이 중에서 중요한 내용을 다시 되새겨 보기로 합니다.

첫째, 요한계시록 1장 13절에 나오는 '인자 같은 이', 그리고 요한계시록 14장 14절의 '사람의 아들과 같은 이'에 대하여 '인자 같은 이'는 예수 그리스도가 아니고 미카엘 천사장 자신이라고 확실하게 답해 주었습니다.

지금까지 오랜 동안 많은 신학자들은 '인자 같은 이'에 대한 해석은 거의 모두가 예수 그리스도라고 인정해 왔습니다. 그들의 근거는 다니엘 7장 13절에 나오는 '인자 같은 이'가 예수 그리스도이므로, 요한계시록 1장 13절에 나오는 '인자 같은 이', 그리고 요한계시록 14장 14절의 '사람의 아들과 같은 이'에 대하여도 역시 예수 그리스도라고 주장하고 있습니다.

요한이 바로 예수 그리스도라고 하지 않고 '인자 같은 이'라고 기록한 것은 '인자 같은 이'가 주 예수 그리스도가 아니기 때문이었습니다.

그리고 요한계시록 14장 14절의 '사람의 아들과 같은 이'에 대하여 면밀하게 검토해 보겠습니다.

"14. 또 내가 보니 흰 구름이 있고 구름 위에 사람의 아들과 같은 이가 앉았는데 그 머리에는 금 면류관이 있고 그 손에는 이한 낫을 가졌더라 15. 또 다른 천사가 성전으로부터 나와 구름 위에 앉은 이를 향하여 큰 음성으로 외쳐 가로되 네 낫을 휘둘러 거두라 거둘 때가 이르러 땅에 곡식이 다 익었음이로다 하니"(계 14장

14~15절)

여기에서 '**사람의 아들과 같은 이**'가 예수 그리스도라면, 주님이 '**다른 천사**'의 말을 듣고 낫을 들고 추수하여야 한다는 말인데 이는 맞지 않는 말입니다.

요한계시록 14장 14~15절에서 보는 대로 주님이 한낱 추수꾼이라니 격이 맞지 않습니다. 또 주님이 천사의 말을 듣고 추수를 합니까? 아닙니다. 그러므로 여기에서 '**사람의 아들과 같은 이**'는 예수 그리스도가 될 수 없으며, 미카엘 천사장이라면 격이 맞습니다.

또 다니엘 7장 13절에 나오는 '**인자 같은 이**'가 예수 그리스도인지 검토해 보겠습니다.

"**내가 또 밤 이상 중에 보았는데 인자 같은 이가 하늘 구름을 타고 와서 옛적부터 항상 계신 자에게 나아와 그 앞에 인도되매**"(단 7장 13절)

'펴 놓인 작은 책'의 해석에 의하면 '**옛적부터 항상 계신 자**'는 예수 그리스도입니다. '**인자 같은 이**'가 예수 그리스도라면 '**인자와 같은 이**'인 예수 그리스도가 '**옛적부터 항상 계신 자**'인 예수 그리스도 앞에 나아간다는 뜻이므로 '**인자 같은 이**'는 결코 예수 그리스도라 할 수 없습니다. 그러므로 '**인자 같은 이**'가 아니고 미카엘 천사장이 맞습니다.

서울에 와 있는 미카엘 천사장 만나다

둘째, 요한계시록 4장과 에스겔서 1장에 나오는 네 생물에 대한 해석은 수세기 동안에 걸쳐 많은 논란이 계속되었던 내용이었으나 미카엘 천사장이 말하기를 네 생물은 바로 미카엘 천사장 자신이라고 답해 주었습니다.

그동안 우리는 네 생물의 정체에 대하여 많은 논의를 해 왔으나 확실한 바른 해석을 듣지 못하였습니다. 그러나 미카엘 천사장을 만나서 우리는 네 생물이 무엇인지 그 정체를 알게 되었으며, 네 생물은 하나의 개체로 된 미카엘 천사장이라는 것입니다.

특히 미카엘 천사장이 6개 날개를 가지고 있는 점(겔 1장 6절), 미카엘이 스스로 그의 비밀을 일러 준 대로, 필요하면 사람의 모습이나 소나 독수리 또는 사자의 모습으로 자유자재로 변장할 수 있다고 말한 점, 그리고 미카엘의 얼굴에서 광채가 나고 눈에서 매우 무서운 불빛이 발산하고 있는 점 등의 그런 정황을 보아도 네 생물은 미카엘 천사장임에 틀림없습니다.

셋째, 요한계시록 19장 9절에 기록된 '어린 양의 혼인 잔치'에 대하여 미카엘 천사장은 천년 왕국에서 백 보좌 심판이 끝난 후, 주님께서 낙원에서 대기한 모든 천국 백성들을 데리고 '새 하늘과 새 땅(하나님의 나라)'에 들어가자마자, 그곳에서 어린 양의 혼인

잔치를 열게 될 것이라고 확실하게 답해 주었습니다.

어떤 분들은 어린 양의 혼인 잔치에 대하여 주님이 공중 재림할 때, 구원받은 성도들이 휴거되어 주님을 만나게 되면 그때 이어서 공중에서 혼인 잔치가 있게 될 것이라고 말하고 있으나 맞지 않는 말입니다.

그러나 요한계시록 21장 1절에 보면 하나님께서 새 하늘과 새 땅(천국)을 새로 창조하시기 때문에 모든 천국 백성들은 낙원에서 대기를 합니다. 천년 왕국이 끝나기 전에 백보좌 심판을 한 후에, 주님이 모든 천국 백성들을 데리고 새로 창조한 '새 하늘과 새 땅(하나님의 나라)'에 들어갈 것입니다. 이때 곧바로 천국에서 어린 양의 혼인 잔치를 열게 될 것입니다.

넷째, 주님이 공중 재림하실 때, 낙원에서 대기하고 있던 성도들을 대상으로 심판을 한 후에, 선택되지 못한 성도들은 곧바로 음부로 보내게 되며, 나중에 심판을 받은 후 지옥으로 들어가게 된다는 것입니다.

낙원은 예수를 믿은 성도들이 천국으로 들어가기 전에 대기하던 곳입니다. 이 낙원에서 대기하던 성도들은 주님이 공중에 재림할 때 심판을 받게 되며, 심판에서 합격하여 택함받은 성도들은 휴거되어 공중에서 주님을 맞이하게 되지

서울에 와 있는 미카엘 천사장 만나다

만, 심판에서 탈락한 성도들은 즉시로 음부로 보내게 될 것입니다.

특히 낙원에서 하는 심판 때에 선택받아 구원받은 성도들의 인원은 매우 적은 수(10% 정도)라고 합니다. 그러므로 우리 성도들은 이 땅에 있는 동안 알곡 성도가 되어 천사를 만나 이마에 인침을 받음으로 천국으로 바로 들어가는 구원을 받아야 합니다.

다섯째, 악인들이 들어가는 지옥 안에 있는 무저갱은 영원토록 고문을 받는 곳이며, 무서운 고문을 담당하는 자는 악한 용, 사단이나 마귀들이라는 것입니다.

그러므로 무저갱에는 그곳에 들어간 사람들의 영들뿐만 아니라, 악하고 험악하게 생긴 용, 사단이나 마귀들이 함께 들어가 있는 곳임을 알아 두어야 합니다.

특히 무저갱에 들어가는 사람들의 영들은 모두 부활을 시켜서 영체의 상태로 들어가게 되므로 뜨거운 불 못이나 무거운 큰 돌을 짓누를 때에는 엄청난 아픔이나 고통을 느끼게 됩니다. 그러므로 우리 성도들은 결코 무저갱으로 들어가는 일은 없어야 합니다.

12.
미카엘 천사장과의 대화

　마침 엘리야 선교사와 한다니엘이 2010년 9월 15일 오후에 미카엘 천사장과 만나는 기회가 생겼습니다. 이때 욥기서를 중심으로 여러 의문에 대하여 질의하기로 했습니다.

　미카엘은 키가 8m나 되므로 그와 만나려고 하면 공원이나 야외에서 만나야 합니다. 이날 엘리야 선교사와 한다니엘은 미카엘 천사장과 마리아엘 천사 등 수백 명의 천사들과 함께 덕수궁 한적한 곳에서 만났습니다.

　우리말 통역은 엘리야 선교사가 맡아 주었으며, 우리말을 듣고 미카엘의 말을 통역해 주는 천사는 마리아엘 천사였습니다.

　미카엘은 영어를 사용하고 있었으며, 마리아엘은 우리말을 미카엘에게 전달하였고 다시 엘리야 선교사는 마리아엘의 말을 듣고 한다니엘에게 전해 주었습니다. 그러나 모든 통역은 거의 동시에 이루어지는 즉각적인 동시통역이었습니다. 여기에 미카엘 천사장과 가졌던 질의응답 내용을 소개합니다.

천국의 비밀에 대하여

(Q 1) 하늘에서 천사들이 찬양을 할 때 남자 천사들과 여자 천사들이 함께 찬양을 합니까?

(대답) 하늘에서는 주로 여자 천사들이 찬양을 합니다. 남자 천사들은 시킬 때만 찬양을 하고 항상 찬양하지는 않습니다.

(Q 2) 천국은 대단히 넓은 지역이라 금수레를 타고 다닌다고 들었습니다. 이 금수레는 누가 만들었습니까?

(대답) 하나님의 명령을 받아 미카엘 제가 만들었습니다.

(Q 3) 천국에서 금수레는 누가 운전합니까?

(대답) 천국에 있는 백성들은 누구나 운전하고 다닙니다.

(Q 4) 하늘에서 금수레 운전은 어떻게 합니까?

(대답) 금수레를 탄 사람이 누구든지 마음으로 어디로 가야겠다고 마음을 먹으면 그대로 움직이며, 가고 싶은 곳까지 금수레가 움직입니다.

(Q 5) 천국에서 사용하는 악기는 누가 어떻게 만들었습니까?

(대답) 천국에는 물자가 풍부합니다. 천국에 있는 악기는 영적인 악기이며, 하나님의 뜻을 따라 저 미카엘이 만들었습니다.

(Q 6) 천국에서 예배를 드릴 때, 주님이 하는 설교의 중심 메시지는 무엇입니까?

(대답) 주님께서 설교를 하실 때, 십사만 사천을 세우는 일, 천년 왕국 건설과 앞으로 있을 심판에 대한 내용 등에 대하여 주로 설교를 하십니다.

(Q 7) 천국에서 원로장로 4명이 모여 있는 곳은 어디입니까?

(대답) 네 원로 장로가 있는 곳은 하늘 보좌에서 가장 가까운 곳에 있는 네 분 원로 장로의 보좌입니다.

(Q 8) 천국에서 이십사 장로들이 모여 있는 곳은 어디입니까?

(대답) 이십사 장로들은 하늘 보좌에서 볼 때 하늘 보좌의 우측에 자리를 정하고 있습니다.

(Q 9) 천국에서 십사만 사천의 성도들이 모여 있는 곳은 어디입니까?

(대답) 십사만 사천은 성가대원이므로 하늘 보좌 앞의 유리 바다로 되어 있는 천국의 성가대원석에 있게 됩니다.

(Q 10) 신생아들이 탄생할 때 넣어주는 영혼은 어디에 모아 둔 곳이 있습니까?

(대답) 신생아들에게 넣어주는 영혼은 천국에 보관되어 있는 영혼 창고가 있으며, 신생아가 태어날 즈음에 천사들이 천국에서 영혼을 가져와 미리 대기합니다.

(Q 11) 신생아들이 탄생할 때 그들의 영혼은 하나님께서 언제 넣어 줍니까?

(대답) 신생아가 태어날 때 어머니 뱃속에서 나오자마자 영혼을 하나씩 골라내어 천사들이 그 신생아에게 넣어줍니다.

(Q 12) 신생아들이 탄생하기 전에 보관된 영혼과 현재 사람의 몸 안에 들어 있는 영혼과는 어떻게 다릅니까?

(대답) 신생아들이 탄생하기 전에 보관된 영혼은 사람 몸에 들어 있는 영혼보다 더 맑고 매우 깨끗하며 투명합니다. 그때 충격으로 아기가 울게 됩니다.

(Q 13) 창세기 2장 7절에서 여호와 하나님께서 아담을 창조하실 때, 흙으로 사람을 지으시고 그의 콧속에 넣으신 '생기'란 무엇입니까?

(대답) 생기란 하나님이 아담에게 넣어 주신 살아 있는 하나님의 영을 말합니다.

(Q 14) 요한계시록 12장 6절에 예언된 바와 같이 '큰 환난' 때 피할 곳인 '하나님께서 예비하신 곳'은 어디에 세울 것입니까?

(대답) 하나님께서 예비해 두신 곳(예비처)은 대한민국에 있습니다.

(Q 15) 요한계시록 12장 7~8절에 **"하늘에 전쟁이 있으니 미카엘과 그의 사자들이 용과 더불어 싸울새 용과 그의 사자들도 싸우나 이기지 못하여 다시 하늘에서 그들이 있을 곳을 얻지 못한지라"**라고 기록하였습니다. 이 영적인 전쟁은 언제 일어납니까?

(대답) 영적 전쟁은 2007년에 일어났으며 이때 구름층에 있던 용들이 쫓겨나서 모두 지상에 내려왔습니다.

(Q 16) 요한계시록 12장 7~8절에 예언된 하늘의 영적 전쟁에서 미카엘과 그의 사자들이 용과 더불어 싸울 때, 이 전쟁을 사람이 눈으

로 볼 수 있습니까? 이 전쟁을 눈으로 볼 수 있는 사람은 누구입니까?

(대답) 이 영적 전쟁은 구름층에서 있었으므로 어떤 사람도 눈으로 볼 수 없었습니다.

(Q 17) 우주의 다른 별에 하나님이 인간과 같은 그런 생명체를 만들었습니까?

(대답) 그렇습니다. 하나님께서 200개의 다른 별에 지구와 유사한 환경, 그리고 새로운 인간을 만들었습니다.

(Q 18) 우주의 다른 별에 하나님께서 만드신 인간과 같은 생명체에도 영혼이 들어 있습니까?

(대답) 그렇습니다.

(Q 19) '천사와 함께하는 영원한 복음' 블로그에 실린 글들은 미카엘 천사장에게 받은 말씀들도 있으나, 가브리엘 천사장이나 라파엘 천사장이나 마리아엘 천사에게서 받은 말씀들도 있습니다. 이와 같이 받은 말씀들도 미카엘 천사장에게 받은 말씀처럼 계시록 10장 2절의 '펴 놓인 작은 책'에 들어 있는 내용이라 할 수 있습니까?

(대답) 그렇습니다. 가브리엘 천사장이나 라파엘 천사장이나 마리아엘 천사에게서 받은 말씀들도 '펴 놓인 작은 책'에 들어 있는 내용입니다. 특히 '천사와 함께하는 영원한 복음' 블로그에서 선포하는 말씀들은 모두 요한계시록 10장 2절에서 말하는 '펴 놓인 작은 책'에 들어 있는 내용입니다.

미카엘 천사장에게 하는 기도에 대하여

(Q 20) 가톨릭 신자들이 미카엘 천사장에게 기도하고 있습니다. 천국에서 그들의 기도를 들으신 적이 있습니까?

(대답) 가톨릭 신자들이 저 미카엘 천사장에게 하는 기도는 천국에서 들을 수 없었습니다.

(Q 21) 현재 미카엘 천사장이 지구에 오셨는데 이 시간에도 가톨릭 신자들이 하는 기도를 들을 수 있습니까?

(대답) 내(미카엘)가 서울에 오니까 지구상에서 하는 가톨릭 신자들의 기도를 모두 듣고 있습니다. 로마에서, 독일이나 미국 등 세계 각국에서 나에게 하는 기도를 현재 듣고 있습니다.

(Q 22) 가톨릭 신자들이 미카엘 천사장에게 기도하는 것에 대하여 어떻게 생각하십니까?

(대답) 기도는 원래 성도들이 하나님께 드리는 것입니다. 가톨릭 신자들이 나에게 기도하면 무슨 소용이 있습니까? 너무나도 부질없는 일입니다. 나에게 기도하는 것은 고쳐야 합니다.

칭기즈칸에 대하여

(Q 23) 12세기 초 몽골의 군왕 칭기즈칸은 죽기 전에 예수를 믿었다

고 합니다. 그는 구원을 받았습니까?

(대답) 그는 구원을 받아 그의 영혼은 지금 낙원에 가 있습니다.

(Q 24) 칭기즈칸은 어떻게 하여 구원을 받았습니까?

(대답) 그는 임종 전에 예수를 믿었으며, 그는 임종 시에 거기 모인 자손들에게 "앞으로 내 자손들은 예수를 믿어야 한다"라고 유언을 했기 때문에 그는 이 공로로 낙원에 들어가는 구원을 받았습니다.

(Q 25) 칭기즈칸에 속한 몽골 민족은 어느 민족의 후예입니까?

(대답) 몽골 민족은 한민족의 조상인 욱단(단군)의 아들들이 그곳에 정착하여 이룬 민족이므로 한민족과 같은 조상의 민족입니다.

우리는 미카엘 천사장과의 대화를 통하여 하늘의 비밀에 속한 많은 것들을 알게 되었습니다.

미카엘 천사장이 알려준 천국의 비밀 중에서 천국이 너무 방대하게 넓은 지역이라 금수레를 타고 다닌다든지, 천국의 보좌 가까운 주위에 유리 바다가 넓게 깔려 있고 유리 바다 주위에 십사만 사천이 서서 찬송을 부른다든지, 신생아에게 넣어줄 영혼은 천국에서 미리 창조해 두었다가 신생아가 태어날 순간에 천사들이 넣어 준다는 사실 등 너무 신비롭기만 합니다.

욥과 한국인의 조상에 대하여

우리는 욥기서를 읽을 때마다 변론 내용이 이해하기에 어렵다는 생각은 하면서도 매우 친근감을 느낄 때가 많습니다.

특히 욥기 1장 3절에서 욥이 **'동방 사람 중에 가장 큰 자'**라는 말에 혹시 여기에서 말하는 '동방'이 한국을 말하는 것이 아닌가 하여 한참 동안 이곳에서 눈을 떼기가 어렵기도 합니다. 그러나 욥기서는 저자에 대하여도 작자 미상이고 하여 꼭 그렇지는 않겠지 하는 마음으로 그냥 지나치기도 합니다.

지금까지 욥기서를 읽을 때 이러한 욥기서 저자는 누구인지, 욥기서에 나오는 '동방'은 어느 나라인지, 욥은 어느 나라 사람인지, 또 베헤못이라는 공룡은 어떤 동물인지 등 여러 의문점에 대하여 우리는 많은 의구심을 갖게 됩니다.

(Q 26) 욥기서는 누가 기록한 책입니까?
(대답) 욥이 기록하였습니다.

(Q 27) 성경 66권 중에서 가장 먼저 기록한 책이 욥기서로 알려져 있는데 맞습니까?
(대답) 네, 그렇습니다.

(**Q 28**) 욥기 1장 3절에 보면, 욥은 '동방 사람 중에 가장 큰 자'라고 기록했습니다. 동방은 어느 나라이며 욥은 어느 나라 사람입니까?

(**대답**) 여기에 기록된 동방은 대한민국을 말하며, 욥은 고대 대한민국 사람입니다.

(**Q 29**) 욥기 1장 1절에 '우스 땅'이란 어느 곳을 말합니까?

(**대답**) 우스 땅은 옛 신의주 지역을 말합니다.

(**Q 30**) 노아에게 셈, 함, 야벳이라는 세 아들이 있었는데, 욥은 세 아들 중 누구입니까?

(**대답**) '욥'과 '셈'은 동일 인물입니다. '욥'은 '셈'이라는 두 가지 이름을 사용하고 있었습니다.

(**Q 31**) 셈인 욥은 어떻게 고대 한국 땅에 살게 되었습니까?

(**대답**) 노아 홍수 때 물이 빠졌을 때, 노아의 배가 백두산에 걸치게 되자 그때 하나님의 지시를 받아 노아와 셈, 함, 야벳의 가족 8명을 백두산에 내려 주었으며, 그들은 그 후부터 한국 땅에 살게 되었습니다.

(**Q 32**) 그렇다면 셈인 욥은 한국인의 조상입니까?

(**대답**) 그렇습니다. 셈(욥)은 곧 한국인의 조상입니다. 그러므로 한국인의 조상은 단군(옥단)도 되지만, 실질적으로 한국인의 조상은 셈(욥)입니다.

(**Q 33**) 셈(욥)의 다섯 아들은 엘람, 앗수르, 아르박삿, 룻과 아람입니다. 이 다섯 아들은 모두 어디에 살고 있었습니까?

(**대답**) 아르박삿만 고대 한국 땅에 살고 있었고 나머지 아들들은 다른 곳으로 보냈습니다.

(**Q 34**) 아르박삿의 아들인 셀라와 손자인 아벨은 어디에 살았습니

서울에 와 있는 미카엘 천사장 만나다

까?

(대답) 셀라와 아벨은 모두 고대 한국 땅에 살았습니다.

(Q 35) 에벨은 큰아들 벨렉과 동생인 욕단을 낳았습니다. 그의 두 아들은 각각 어디에 살았습니까?

"에벨은 두 아들을 낳고 하나의 이름을 벨렉이라 하였으니 그때에 세상이 나뉘었음이요 벨렉의 아우 이름은 욕단이며"(창 10장 25절)

(대답) 벨렉과 욕단은 한국 땅에 살았습니다. 하나님께서 벨렉을 이스라엘 땅에 보내어 살게 하였으며 벨렉에게서 이스라엘 백성이 생겨났습니다. 욕단은 그대로 한국 땅에 살게 하였으며, 한국인의 선조가 되었습니다.

(Q 36) 욕단의 13명 아들 중에 한국 땅에 살게 된 아들들은 누구누구였습니까?

(대답) 한국 땅에 살게 된 아들들은 예라와 우살 두 아들이었으며, 나머지 아들들은 만주 땅, 몽골, 중국 등지로 보냈습니다. 특히 만주 지역과 몽골에 사는 사람들은 같은 욕단(단군)의 자손들입니다.

(Q 37) 노아의 5대손 욕단은 오늘날 대한민국의 조상이라고 하는 단군이 맞습니까?

(대답) 그렇습니다. 욕단은 단군과 같은 사람입니다.

(Q 38) 욕단이 거주하는 곳은 창세기 10장 30절에 **"그들이 거주하는 곳은 메사에서부터 스발로 가는 길의 동쪽 산이었더라"**(창 10장 30절)라고 기록했습니다. 여기에서 '메사'는 어디며, '스발'은 어디이고 '동쪽 산'은 어느 산이었습니까?

(대답) '메사'는 고대 간도 지방을 말하고, '스발'은 시베리아를 가리키며, '동쪽 산'은 백두산을 가리킵니다. 그러므로 단군인 욕단은 고대 간도 지방에서 시베리아로

가는 백두산 근처에 살고 있었습니다.

(Q 39) 욥기에는 매우 난해한 변론이나 어려운 문장이 많이 나옵니다. 이 어려운 내용을 쓸 때, 하나님께서 어느 천사를 보내어 바르게 기록하도록 도와주었습니까?

(대답) 하나님께서 저(미카엘)를 욥에게 보내어 기록하는 것을 도와주도록 하였습니다.

(Q 40) 욥이 욥기를 쓸 때 당시에 어느 문자로 기록을 했습니까? 그리고 욥이 욥기서를 쓸 때는 어느 곳에 있을 때였습니까?

(대답) 그는 욥기서를 고대 영어로 기록했습니다. 그리고 욥은 이 책을 쓸 때 저(미카엘)와 함께 백두산 근처에 있었을 때 기록하였습니다.

(Q 41) 욥이 욥기를 기록하였다면, 이 책이 어떻게 하여 성경에 포함되었습니까?

(대답) 욕단(단군)이 처음으로 고대 영어로 기록한 욥기서를 발견하였습니다. 당시 욕단이 욥기서를 이스라엘 땅에 있는 제사장들에게 가지고 가서 성경에 포함시키도록 했습니다.

(Q 42) 욥은 어떻게 하여 하나님을 알게 되었으며, 어떻게 그런 좋은 믿음을 갖게 되었습니까?

(대답) 그는 아버지 노아 밑에서 자라면서 믿음을 물려받았으며 그때 하나님을 알게 되었고, 그는 성령의 감동을 받았으며, 그때 욥기서도 기록하게 되었습니다.

(Q 43) 욥의 세 친구는 수아 사람 빌닷, 나아마 사람 소발, 데만 사람 엘리바스였습니다. 이 세 친구는 각각 어느 나라 사람이었습니까?

(대답) 모두 고대 대한민국 사람들이었습니다.

서울에 와 있는 미카엘 천사장 만나다

(Q 44) 욥의 세 친구 중에 족장은 누구누구였습니까?

(대답) 당시에 족장인 사람은 소발과 엘리바스였습니다.

공룡과 베헤못(공룡)에 대하여

(Q 45) 하나님께서 가장 먼저 만드신 공룡은 언제 창조하셨습니까?

(대답) 지금으로부터 5억 년 전에 창조하셨습니다.

(Q 46) 하나님께서 창세기 2장에서 만든 공룡은 언제 창조하셨습니까?

(대답) 창세기 2장에서 아담을 창조하기 전에 지금으로부터 1,700만 년 전에 창조하셨습니다.

(Q 47) 어떤 공룡이 언제 이 땅에서 동시에 없어졌습니까?

(대답) 3억 5천 만 년 전에 만든 공룡이 지금으로부터 1억 5천 만 년 전에 지구에 엄청난 지각 변동이 일어났을 때 한 번에 모두 땅속에 묻히게 되었습니다.

(Q 48) 욥기 40장 15절에 기록한 '베헤못(개역 한글에 '하마'라고 번역)'이라는 동물은 어떤 동물입니까?

(대답) 주로 강물에서 사는 동물로서, 육식을 하는 동물이며, 일종의 공룡 종류입니다.

(Q 49) 베헤못이라는 동물은 고대 대한민국에서 언제 없어졌습니까?

(대답) 베헤못은 지금까지도 살아 있으며, 현재 생존한 공룡 중에는 매우 오래된 공룡입니다.

(Q 50) 현재도 살아 있는 베헤못은 지금 어디에 있습니까?

(대답) 현재 베헤못은 백두산 천지에 살고 있으며, 여러 마리를 번식하여 살고 있습니다.

(Q 51) 베헤못이라는 동물은 그 생김새가 어떻게 생겼습니까?

(대답) 목이 길고 얼굴은 사람의 얼굴 모양이고, 머리에 두 개의 뿔이 나 있으며, 두 개의 다리로 직립 보행이 가능하고, 두 개의 손이 달려 있습니다. 베헤못의 수컷에게만 머리에 두 개의 뿔이 나 있으나, 암컷에게는 뿔이 없습니다.

(Q 52) 베헤못이라는 동물의 키는 얼마나 됩니까?

(대답) 3~4m 정도 됩니다.

(Q 53) 베헤못은 알을 낳습니까?

(대답) 아닙니다. 베헤못은 새끼를 낳으며, 한 번에 한 마리를 낳습니다. 그러나 간혹 쌍둥이를 낳기도 합니다.

(Q 54) 베헤못은 사람을 잡아먹기도 합니까?

(대답) 베헤못은 지능이 매우 높아서 50m 바깥에 접근하는 적을 감지할 수 있으며, 사람도 잡아먹습니다. 함부로 베헤못에 접근하는 것은 위험하므로 접근하는 것을 삼가야 합니다.

(Q 55) 베헤못이라는 동물은 노아의 방주 안에 넣었던 동물입니까?

(대답) 공룡은 원래 노아의 방주 안에 넣지 않았던 동물입니다. 베헤못 종류의 공룡도 노아의 방주 안에 넣지 않았습니다.

(Q 56) 베헤못이 어떻게 노아의 홍수를 겪었어도 살아남을 수 있었습니까?

(대답) 백두산 천지에도 노아의 홍수 때 물이 차올랐으며, 백두산을 모두 덮었으나, 홍수 후에 물이 빠질 때에 베헤못은 그 속에 갇혀 있었으므로 아직까지 살아남았습니다.

(Q 57) 욥기 40장 19절에서 하나님께서 욥에게 말씀하시기를 "그것은 하나님의 창조물 중에 으뜸이라 그것을 지은 자가 칼을 주었고"라고 말씀하셨습니다. 하나님께서는 왜 욥에게 하나님께서 만든 베헤못이 창조물 중에 으뜸이라고 하셨습니까?

(대답) 하나님께서 만든 공룡 중에서 백두산 천지에 있는 베헤못은 다른 공룡과는 비교할 수 없을 만큼 독특하게 잘 만들었다는 뜻입니다. 베헤못의 특징은 얼굴 모양이 사람의 얼굴을 하고 있고, 지능이 매우 뛰어나게 만들었으며, 새끼를 낳는 그런 공룡으로 만들었기 때문입니다.

우리는 미카엘과의 질의응답으로부터 매우 중요한 사실을 깨닫게 되었습니다.

첫째, 지금까지 욥기서는 저자 미상으로 되어 있었으나 욥기는 미카엘 천사장의 도움을 받아 욥 자신이 기록을 하였고, 우리를 더욱 놀라게 하는 것은 욥이 고대 한국 사람이라는 사실입니다.

성경의 기록자 중에 한국 사람이 한 사람 들어 있다니 이

보다 더 감사하고 놀라운 일이 없을 것입니다. 특히 누구든지 욥이 고대 한국 사람이라는 생각을 하고 다시 욥기서를 읽어 보면, 욥기에 나타난 기후, 환경 등 모두가 대한민국에서 볼 수 있는 그대로인 것을 알 수 있습니다.

북극성과 삼성, 묘성(욥 9장 9절)이 보이는 것으로 보아 북반구에 있는 나라였으며, 왕골과 갈대가 있고(욥 8장 11절), 눈 녹은 물로 몸을 씻고(욥 9장 30절), 남풍이 불고 있으며(욥 37장 17절), 물은 돌을 닳게 하고 넘치는 물로 땅의 티끌을 씻어 버리고(욥 14장 19절) 등의 표현은 우리나라의 기후 환경을 그대로 소개하고 있습니다.

특히 "물은 돌을 닳게 하고 넘치는 물로 땅의 티끌을 씻어 버리고"를 읽으면서 우리나라 산골짜기의 어느 곳에서나 흘러내리는 개울물을 연상하게 하였으며, 우리나라의 어느 산골짜기에서 흔하게 보는 크고 작은 바위나 돌을 말하고 있는 내용입니다.

둘째, 미카엘 천사장으로부터 한국인의 조상은 바로 노아이고, 노아의 아들 셈과 욥은 같은 사람인 것을 알게 되었으며, 우리 조상의 뿌리를 알게 되었습니다.

노아는 아담의 9대손이고 백두산 근처에서 살았습니다. 그리고 한국인의 처음 조상은 노아이고, 한국 민족은 이스

서울에 와 있는 미카엘 천사장 만나다

라엘 민족과 같은 셈족입니다. 이 셈이 곧 욥이라는 새로운 역사적인 사실을 확인하게 되었습니다.

우리가 미카엘 천사장을 통해 한국인의 조상의 뿌리에 대하여 성경적으로 너무나도 명확한 답을 듣게 되어 우리 하나님께 무한한 감사와 찬양을 올려 드립니다.

지금까지 우리는 성경을 공부하면서 우리 민족이 항상 이스라엘로부터 복음이 전파되고, 아브라함이 받았던 축복이 우리 민족으로도 임한다는 그런 생각만 했던 것이 사실입니다. 그러나 미카엘 천사장으로부터 밝혀진 우리 민족의 뿌리는 노아의 첫째 아들 셈이 홍수 이후 고대 한국 땅에 살았으며, 바로 그 셈의 자손이 한국 민족을 이루었다는 놀라운 사실을 알게 되었습니다.

창세기 10장 25절에 보면 노아의 아들 셈의 3대손 에벨은 벨렉과 욕단 두 아들을 두었습니다.

"에벨은 두 아들을 낳고 하나의 이름을 벨렉이라 하였으니 그때에 세상이 나뉘었음이요 벨렉의 아우의 이름은 욕단이며"(창 10장 25절)

큰아들 벨렉은 한국 땅에 살다가 이스라엘 땅으로 이동해가서 이스라엘 민족을 이루었고, 둘째 아들 욕단은 한국 땅에 살며, 한국 민족을 이룬 것입니다(《표 1》 참고).

〈표 1〉셈(욥)이 한국 민족의 뿌리

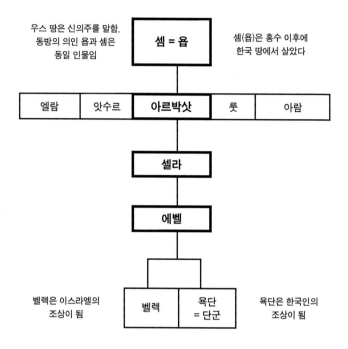

"노아가 오백 세 된 후에 셈과 함과 야벳을 낳았더라."(창 5장 32절)

"그들의 거하는 곳은 메사에서부터 스발로 가는 길의 동편 산이었더라."(창 10장 30절)

따지고 보면, 하나님께서는 이스라엘 민족을 통해 아브라함과 다윗의 혈통에서 초림을 준비하게 하여 독생자 예수

    서울에 와 있는 미카엘 천사장 만나다

그리스도를 낳게 하셨으며, 이스라엘 민족을 통해 구원이 온 땅에 이르게 되었습니다.

그러나 하나님께서는 셈(욥)의 자손인 한국인들을 21세기에까지 숨겨 두셨다가 온 세계에 주님의 지상 명령에 따라 복음을 전하게 하셨으며, 예수 그리스도의 재림을 준비하게 하고, 미카엘 천사장이 이끄는 추수사역을 한국인을 통해 하게 하셨습니다.

그러므로 하나님께서 쓰시고자 세운 선민은 노아 이후부터 하나님께서 이스라엘과 한민족 두 민족을 세우신 것입니다.

한국 민족은 노아의 아들 셈을 한국 땅에 보낼 때에 먼저 선민으로 택함을 받았으나, 이스라엘은 아브라함 때부터 선민으로 축복을 받았습니다.

셋째, 욥기서에 나오는 베헤못이 지금까지 백두산 천지에 살아 있고, 더구나 지구상에서 완전히 사라져 없어졌다는 공룡이 지금까지 한국 땅에 살아 있다는 것은 너무 놀라운 일이며, 온 세계 사람들에게 알려야 하는 빅 뉴스 중에 하나입니다.

세계에 있는 지질학자들이나 생물학자들은 공룡에 대한 역사를 다시 써야 할 것입니다. 지금까지 살아 있는 공룡이 있다면, 공룡의 출현은 언제부터라고 해야 하는가? 또 일시에 한꺼번에 모두 사라졌다는 공룡에 대한 역사는 어떻게 해석해야 하는가?

그러나 하나님께서 한국에 와 있는 천사들을 통하여 알려준 공룡에 대한 확실한 정보를 드립니다.

"하나님께서 공룡은 지금으로부터 5억 년 전에 처음 창조하셨으며, 두 번째는 3억 5천만 년 전에 창세기 1장에 나오는 거인 창조 시 두 번째 공룡을 창조하셨고, 또 1천 7백만 년 전에 창세기 2장에서 아담과 하와를 창조하셨을 때에 세 번째 공룡을 창조하셨습니다."

그러므로 지금까지 살아 있는 베헤못이라는 공룡은 창세기 2장에서 세 번째 공룡을 창조하셨을 때 생겨난 공룡이라는 것을 알아 두어야 합니다. 베헤못이라는 공룡은 강물에 살고 있고 초식 동물이지만, 후에 육식 동물로 변하였습니다. 우리는 남북통일이 되면 백두산 천지에 사는 공룡에 대한 보존 대책을 세워야 합니다.

서울에 와 있는 미카엘 천사장 만나다

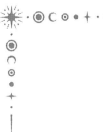

13.
계시록에 등장하는 미카엘 천사장

하나님께서는 예수 그리스도의 대행자로 미카엘 천사장을 한국에 보내셨고, 미카엘이 현재 재림 준비를 하고 있습니다.

예수 그리스도의 대행자로 군대장관 미카엘 천사장을 한국에 보내셨습니다. 미카엘이 21세기 종말에 일어날 모든 일에 대하여 총괄적으로 지휘하고 주님 재림을 준비하고 있습니다.

그러므로 계시록에 가장 많이 등장하는 분은 바로 군대장관 미카엘 천사장입니다. 계시록에 미카엘 천사장이 15번 이상이나 등장합니다. 몇 가지 예를 들어 봅니다.

계시록 1장 13~16절

계시록 1장 13~16절의 인자와 같은 이는 예수 그리스도가 아니고 미카엘 천사장입니다.

계시록 1장 13~16절을 함께 읽겠습니다.

"13. 촛대 사이에 인자 같은 이가 발에 끌리는 옷을 입고 가슴에 금띠를 띠고 14. 그 머리와 털의 희기가 흰 양털 같고 눈 같으며 그의 눈은 불꽃 같고 15. 그의 발은 풀무에 단련한 빛난 주석 같고 그의 음성은 많은 물소리와 같으며 16. 그 오른손에 일곱 별이 있고 그 입에서 좌우에 날선 검이 나오고 그 얼굴은 해가 힘 있게 비취는 것 같더라."

'인자와 같은 이'가 미카엘인 이유가 있습니다. 왜냐하면 미카엘은 머리털이 양털같이 희고 가슴에 금띠가 있고 칼 두 개를 가지고 있기 때문입니다. 그러나 예수 그리스도를 실물로나 꿈으로 만난 분들이나 천사의 증언에 의하면 예수 그리스도의 머리털은 갈색이고 가슴에는 금띠가 없으며 평소 칼을 지니고 있지 않습니다.

서울에 와 있는 미카엘 천사장 만나다

계시록 4장 6~8절

계시록 4장 6~8절의 네 생물은 미카엘입니다. 우선 네 생물의 모양을 그린 모습을 보겠습니다.

네 생물

계시록 4장 6~8절을 읽겠습니다.

"6. 보좌 앞에 수정과 같은 유리 바다가 있고 보좌 가운데와 보좌 주위에 네 생물이 있는데 앞뒤에 눈이 가득하더라 7. 그 첫째 생물은 사자 같고 그 둘째 생물은 송아지 같고 그 셋째 생물은 얼굴이 사람 같고 그 넷째 생물은 날아가는 독수리 같은데 8. 네 생물이 각각 여섯 날개가 있고 그 안과 주위에 눈이 가득하더라."(계

4장 6~8절)

평소에 네 생물의 목격자인 엘리야 선교사에 의하면 미카엘의 하나의 몸에 얼굴 모습이 2초마다 사자 모습, 사람 모습, 송아지 모습, 그리고 독수리 모습으로 각각 변하는 것을 보고 있다고 합니다. 그러므로 네 생물은 미카엘이 맞습니다.

계시록 6장 2절

계시록 6장 2절의 흰말 탄 자와 계시록 19장 11절의 백마 탄 자는 모두 미카엘 천사장을 가리킵니다.

계시록 6장 2절 말씀을 보겠습니다.

"내가 이에 보니 흰말이 있는데 그 탄자가 활을 가졌고 면류관을 받고 나가서 이기고 또 이기려고 하더라."(계 6장 2절)

여기에서 흰말을 탄 자는 미카엘 천사장을 가리키고 흰말은 미카엘이 타는 말입니다. 그러니까 모든 천사들은 각각 말을 타고 다닙니다.

계시록 6장 2절에서 면류관이란 장수가 쓰는 투구를 가리킵니다. 그러므로 군대장관 미카엘은 손에 활을 들고 있고 머리에 투구를 쓰고 있는데 이러한 모습을 한국 사람 엘리야 선교사가 눈으로 보고 이를 알려 주고 있습니다.

따라서 계시록 19장 11절의 백마는 계시록 6장 2절의 흰말과 같은 말이므로 계시록 19장 11절의 백마 탄 자도 미카엘 천사장을 가리킵니다.

계시록 10장 1절

계시록 10장 1절에 등장하는 힘센 다른 천사는 미카엘 천사장입니다. 힘센 다른 천사인 미카엘은 '펴 놓인 작은 책'을 손에 들고 있으며 2010년부터 서울에 와 있습니다. 미카엘 천사장을 만나 창조나 계시록 또는 스가랴서 등의 해석이나 난제에 대하여 질문을 하면 '펴 놓인 작은 책'에 들어 있는 하늘의 비밀을 알려 주고 있습니다.

계시록 12장 7~8절

계시록 12장 7절에 용과 더불어 싸우기 위해 미카엘이 등장하지요. 계시록 12장 7~8절 말씀을 보겠습니다.

"7. 하늘에 전쟁이 있으니 미가엘과 그의 사자들이 용으로 더불어 싸울새 용과 그의 사자들도 싸우나 8. 이기지 못하여 다시 하늘에서 저희의 있을 곳을 얻지 못한지라."(계 12장 7~8절)

미카엘과 그 부하와 용과 그 부하와의 전쟁은 2007년에 있었으며, 이때 구름층에 있던 모든 용들이 쫓겨나 지구로 내려와 있으므로 용들의 공격을 받을 수 있어 경계해야 합니다.

계시록 8장 13절

또 계시록 8장 13절에서 공중에 날아가는 독수리는 미카엘을 가리킵니다. 여기에서 미카엘 천사장이 큰 소리로 "땅에 거하는 자들에게 화, 화, 화가 있으리로다"라고 외쳤습니다.

계시록 20장 1절

계시록 20장 1절에서 무저갱의 열쇠와 큰 쇠사슬을 가지고 하늘에서 내려온 천사는 미카엘 천사장입니다.

"또 내가 보매 천사가 무저갱 열쇠와 큰 쇠사슬을 그 손에 가지고 하늘로서 내려와서"(계 10장 1절)

계시록 4장 1절 등

계시록 4장 1절에서 '나팔 소리 같은 그 음성', 10장 9절에서 '하늘에서 나서 내게 들리던 음성', 계시록 11장 12절에서 '하늘로부터 큰 음성', 그리고 계시록 14장 2절 '하늘에서 나는 소리'와 14장 13절 '하늘에서 음성', 계시록 16장 17절 '큰 음성', 또 계시록 19장 1절 '하늘에 허다한 무리의 큰 음성'은 모두가 미카엘 천사장이 내는 음성을 가리킵니다. 미카엘은 하나님의 명령에 따라 하나님이 하실 말씀을 대언해 주었습니다.

14.
천사의 추수사역 한국에서 시작되다

　사랑하는 성도 여러분, 지금 마태복음 13장 36~43절에 예언한 추수하는 천사들이 2009년부터 한국에 1,004명이나 와서 추수사역을 하고 있고, 또 하나님의 군대장관 미카엘 천사장과 부하 천사들 2만 명이 2010년에 한국에 와 있고 영적 전쟁을 하고 있다면, 믿으시겠습니까?

　그들은 하나님의 명령을 받고 한국에 와 있는 천사들이며 그 천사들의 대장 이름은 미카엘 천사장이고, 부대장은 마리아엘 천사라고 합니다.

　이런 천사들이 하는 추수사역은 한국에서 처음으로 시작을 하였고, 또 한국 사람과 더불어 추수사역을 하라는 명령을 받았다고 합니다. 너무 감격스럽고도 놀라운 소식이 아닐 수 없습니다.

　추수사역에 대한 성경 말씀은 마태복음 13장 24~30절과 마태복음 13장 36~43절에 있는 말씀을 근거로 합니다. 마태복음 13장 24~30절에 먼저 '밭의 가라지 비유'를 소개하고 있으며, 마태복음 36~43절은 예수 그리스도께서 말씀해 주신 비유의 해석입니다.

"가라지를 심은 원수는 마귀요 추수 때는 세상 끝이요 추수꾼은 천사들이니"(마 13장 39절)

여기에서 **'추수 때는 세상 끝'**이라는 말은 주님이 재림하기 이전의 21세기를 가리킵니다.

그러나 많은 목회자들은 **'세상 끝'**이란 '예수 그리스도가 심판하시기 위하여 재림하실 때'라고 잘못된 해석을 하고 있습니다.

특히 '가라지'에 대하여 예수 그리스도께서 '가라지'는 '악한 자의 아들들(마 13장 38절)', 말하자면 사단, 마귀나 귀신 등 악한 영들이라고 말씀하고 있습니다. 그런데도 어떤 분들은 '가라지'란 '사단 마귀의 앞잡이 노릇 하며 성도들을 미혹하고 넘어지게 하는 모든 이단들과 불법한 세력들'이라고 말하는 등 잘못된 해석을 하고 있습니다.

대부분의 사람들은 이 '밭의 가라지 비유'에 대하여 예수 그리스도께서 구체적인 해석을 해 주셨으나 그 해석 자체를 또 다른 뜻으로 곡해하고 있습니다.

성령 하나님께서 영원한 복음(계 14장 6절)을 가진 다른 천사(마리아엘 천사)를 통하여 '밭의 가라지 비유'에 대한 자세한 해석을 알려 주었습니다. 천사와 가진 질의응답은 엘리야 선교사가 통역해 주었습니다.

(Q 1) 마태복음 13장 39절에서 '추수 때'는 '세상 끝 날'이라고 하셨습니다. 여기에서 '세상 끝 날'이란 주님의 심판이 있는 재림의 날입니까?

(대답) 세상 끝 날이란 주님 재림의 날을 의미하지 않습니다. 지금은 주님의 재림이 가까워진 때입니다. '추수 때'란 21세기로부터 주님이 재림하기 직전까지를 의미합니다.

(Q 2) 마 13장 38절에서 '가라지'란 '악한 자의 아들들'이라고 하셨습니다. 악한 자의 아들들이란 누구를 뜻합니까?

"밭은 세상이요 좋은 씨는 천국의 아들들이요 가라지는 악한 자의 아들들이요"(마 13장 38절)

(대답) 악한 자는 사단이나 마귀이므로 '악한 자의 아들'도 역시 사단이나 마귀를 가리킵니다. 그러므로 가라지란 바로 사단이나 마귀를 가리킵니다.

(Q 3) 마태복음 13장 25절에서 '원수가 와서 곡식 가운데 가라지를 덧뿌리고 갔더니'라는 말은 무슨 뜻입니까? 어떻게 가라지가 곡식 가운데 들어가게 됩니까?

(대답) 여기에서 곡식은 성도들을 말하며, '곡식 가운데 가라지를 덧뿌리고 갔다'라는 말은 성도들 몸 안에 악한 영들, 즉 사단이나 마귀, 그리고 귀신들을 집어넣었다는 말입니다. 성도들이 죄를 지을 때마다 사단 마귀 가라지가 죄를 타고 성도의 몸 안으로 들어와 상주합니다.

(**Q 4**) 마태복음 13장 38절에서 '좋은 씨'는 '천국의 아들들'이라고 하셨습니다. '천국의 아들들'이란 누구를 뜻합니까?

(**대답**) 천국의 아들들이란 그리스도인 중에서 장차 천국에 거할 알곡 성도들이며, 인 받을 십사만 사천 대상자를 가리킵니다.

(**Q 6**) 마태복음 13장 25절에서 '원수가 와서 곡식 가운데 가라지를 덧뿌리고 갔더니'라고 했는데 뿌려진 가라지(사단이나 마귀)가 곡식(성도)의 어느 곳에 들어가 있습니까?

(**대답**) 영적인 존재인 사단이나 마귀(가라지)가 성도의 몸 안에 들락거리기도 하고 수십 마리의 가라지가 성도의 뱃속에 들어가 상주하고 있습니다.

(**Q 7**) 마태복음 13장 25절에 의하면, 성도의 몸 안에 '가라지를 덧뿌리고' 갔다면 성도의 몸 안에 수십 마리의 가라지가 들어가 있는 것을 어떻게 확인할 수 있습니까? 보통 성도 한 사람의 몸 안에 몇 마리의 가라지가 들어 있습니까?

(**대답**) 영적인 눈이 열려 있는 엘리야 선교사가 성도의 뱃속에 있는 가라지를 눈으로 보고 몇 마리인지 확인해 주고 있고, 또 현재 서울에 와 있는 천사들이 이를 보고 알려 주고 있습니다. 보통 성도 한 사람의 몸 안에 20~50마리 정도의 가라지(사단 마귀)가 들어 있고 병든 성도에게는 50마리 이상의 가라지가 몸 안에 들어가 있습니다.

(**Q 8**) 마 13장 29절에서는 '가라지를 뽑다가…'라 하였고 마 13장 30절과 마 13장 40절에서는 '가라지를 거두어…'라고 기록하고 있습니다. 성도(곡식)의 몸 안에 들어 있는 가라지(사단 마귀)를 누가, 어떻게 뽑아내고 몰아내 주고(거두고) 있습니까?

(**대답**) 성도 몸 안에 들어 있는 가라지를 뽑아내 주는 일은 사람으로서는 할 수 없고 능력 있는 천사들이 하고 있습니다. 특히 하나님의 인을 가진 마리아엘 천사가

인 받을 십사만 사천 대상자를 만나 악수를 하면 됩니다. 천사는 눈에 보이지 않으므로 실제로는 알곡 성도가 엘리야 선교사와 악수를 할 때 인 가진 천사도 함께 악수를 합니다. 엘리야 선교사가 "주 예수 그리스도의 이름으로 사단아 물러나라"라고 명령 기도할 때, 능력 있는 천사가 악한 가라지를 한 마리도 없이 모두 뽑아낸 다음, 영적인 망 속에 악한 영들을 모두 집어넣고 가두어 버립니다.

(Q 9) 마 13장 40절에서 '가라지를 거두어 주는' 일은 주 예수를 믿는 그리스도인 전체를 대상으로 하고 있습니까? 가라지를 뽑아냄을 받는 대상자는 누가 어떻게 선정합니까?

(대답) 아닙니다. 가라지를 뽑아냄을 받는 대상자는 그리스도인 중에서 하나님께 인정받은 알곡 성도로서 선택받은 인 받을 십사만 사천 대상자를 말합니다. 하나님께서 하나님의 뜻을 따라 신앙생활을 잘한 알곡 성도들을 이미 선정하였으며, 하나님께서 인 받을 십사만 사천 대상자의 생명책 명단을 미카엘과 하나님의 인 가진 마리아엘 천사가 나누어 관리하게 하고 있습니다.

(Q 10) 마태복음 13장 40절에서 말씀한 대로 추수 때에 하나님께서 추수 천사를 보내어 알곡 성도의 몸 안에 있는 가라지를 뽑아내 주신다고 약속하고 있습니다. 하나님께서 알곡 성도인 인 받을 십사만 사천 대상자의 몸에 붙어 있는 가라지를 뽑을 때 그 성도에게 어떤 일이 일어납니까? 영적으로 어떠한 축복을 받습니까?

(대답) 엘리야 선교사와 인 가진 마리아엘 천사가 인 받을 십사만 사천 대상자와 함께 악수를 하는 순간에 ① 성령께서 그들 몸 안에 있는 가라지(사단 마귀)를 모두 떼어내어 줌으로써 그 성도에게 하나님의 나라가 임하게 하고(마 12장 28절), ② 동시에 성령 하나님께서 인 가진 마리아엘 천사를 시켜서 그들 몸 전신에 '전신 갑주'와 세마포를 입혀 주고(엡 6장 11절), ③ 성령께서 인 가진 마리아엘 천사를 시켜서 이마에 동그란 모양의 하나님의 인(바탕은 붉은색이고 십자가 모양이 들어 있음)을 찍어 주며(계 7장 2~3절), ④ 이마에 하나님의 인을 받음으로써 하나님의 소유가 되고 또 하나님께 소속된 백성이 됨으로써 그들의 이름이 하늘의 생명책 명단에 들어가게 됩니다. 이와 같이 그들의 이름이 하늘의 생명책 명단에 들어가게

됨으로써 주님의 낙원 심판을 받지 않고 천국으로 바로 들어가는 구원을 받게 될 것입니다(요 5장 24절).

(Q 11) 인 받을 십사만 사천 대상자가 몸 안에 있는 '가라지를 거두어 냄'을 받은 후 이마에 인침을 받는다는 것은 어느 말씀에 근거를 두고 있습니까?

(대답) 이마에 인을 받는다는 말씀은 계시록 7장 2~3절에 근거를 두고 있으며, 계시록 7장 2~3절의 말씀은 추수사역에 대한 마태복음 13장 37~43절 말씀과 서로 연계되어 있는 말씀입니다.

(Q 12) 마 13장 40절에서 말씀한 대로 몸 안에 있는 가라지를 뽑아 냄을 받고 또 계 7장 2~3절 말씀대로 전신갑주도 입고 이마에 인을 받으려면 누구에게 어떻게 신청하면 됩니까?

(대답) 먼저 인 받을 십사만 사천 성도인지를 확인하는 절차가 필요합니다. 어느 누구든지 엘리야 선교사에게 이름과 나이를 알려 주거나, 또는 사진을 보내면 인 가진 마리아엘 천사가 인 받을 십사만 사천 대상자의 알곡 성도의 명단과 신속하게 대조한 후, 인 받을 대상자인지 알려 줍니다. 그리고 인 받을 대상자는 엘리야 선교사와 인 가진 마리아엘 천사와 함께 만날 약속을 하고 만나서 악수를 하고 인침을 받으면 됩니다.

(Q 13) 계시록 7장 2~4절 말씀대로 이마에 인을 받는 십사만 사천 성도의 인원은 실제로 얼마나 됩니까?

"2. 또 보매 다른 천사가 살아 계신 하나님의 인을 가지고 해 돋는 데로부터 올라와서 땅과 바다를 해롭게 할 권세를 얻은 네 천사를 향하여 큰 소리로 외쳐 3. 가로되 우리가 우리 하나님의 종들의 이마에 인치기까지 땅이나 바다나 나무나 해하지 말라 하더라 4. 내가 인 맞은 자의 수를 들으니 이스라엘 자손의 각 지파 중에서 인 맞은 자들이 십

사만 사천이니"(계 7장 2~4절)

(대답) 이마에 인 받은 십사만 사천의 인원은 정확하게 144,000명입니다.

(Q 14) 추수사역 때에 인 받은 십사만 사천 성도가 정확하게 144,000명이라면 세계적으로 많은 그리스도인들 중에서 적은 인원입니다. 하나님께서 인 받은 십사만 사천만 천국으로 들어가는 구원을 받게 하고 나머지 다른 성도들 중에서 더 인침 받게 해주는 성도는 없습니까?

(대답) 자비의 하나님께서 인 받은 십사만 사천 성도 이외에 추가로 더 인 받은 성도들을 선택하여 주셨습니다. 십사만 사천 성도의 추가자들을 삼백만 성도라고 부릅니다.

(Q 15) 하나님께서 인 받은 십사만 사천 이외에 추가로 더 인 받은 성도가 있다는 것에 대하여 성경에 근거가 있습니까? 추가로 더 인 받은 성도를 어떻게 호칭하라고 하셨습니까?

(대답) 하나님께로부터 선택받은 성도 중에 인 받은 십사만 사천 성도가 있고, 그이외에 추가로 더 하나님의 인 받는 성도가 있다는 것에 대하여는 요한복음 10장 16절에 기록되어 있으며, 추가로 인 받은 성도들을 삼백만 성도라 부르고 있습니다. '우리에 들지 아니한 다른 양들'이란 삼백만 성도를 가리킵니다.
"또 이 우리에 들지 아니한 다른 양들이 내게 있어 내가 인도하여야 할 터이니 저희도 내 음성을 듣고 한 무리가 되어 한 목자에게 있으리라."(요 10장 16절)

(Q 16) 하나님께서 인 받은 십사만 사천 이외에 추가로 더 인 받은 성도인 삼백만 성도의 인원은 실제로 얼마나 됩니까?

(대답) 인 받은 십사만 사천 이외에 추가로 더 인 받은 삼백만 성도의 인원은 3백만 명 이상 7백만 명 미만도 되는 유동적인 숫자입니다.

(Q 17) "인자가 그 천사들을 보내리니 저희가 그 나라에서 모든 넘어지게 하는 것과 또 불법을 행하는 자들을 거두어 내어"(마 13장 41절) "풀무 불에 던져 넣으리니 거기서 울며 이를 갊이 있으리라."(마 13장 42절)

① 마 13장 41절에서 '저희가 그 나라에서 모든 넘어지게 하는 것과 또 불법을 행하는 자들을 거두어 낸다'라고 했는데 '저희'는 누구이며 '그 나라'는 어느 나라를 가리킵니까?

(대답) '저희'는 추수 천사를 가리키며, '그 나라'는 추수 천사가 인침을 주기 위해 가는 나라, 즉 인 받을 십사만 사천이 분포되어 있는 12나라를 뜻합니다.

② 마 13장 41~42절에서 '저희가 그 나라에서 모든 넘어지게 하는 것과 또 불법을 행하는 자들을 거두어 내어 풀무 불에 던져 넣으리니'라는 말은 무슨 뜻입니까?

(대답) 인을 가진 마리아엘 천사와 엘리야 선교사가 십사만 사천이 있는 열두 나라에 가서 추수사역을 할 때, 넘어지게 하고 살아 계신 하나님의 재림을 준비하는 사역에 대하여 이단 성향이 있다고 방해하고 도전하는 등 불법을 행하는 자들을 하나님께서 골라내어 심판을 받게 하고 풀무 불이 있는 지옥에 보낸다는 뜻입니다.

(Q 18) 천사들이 함께하는 추수사역은 언제 어디에서 처음으로 시작되었습니까?

(대답) 천사들과 함께하는 추수사역은 2009년 5월부터 한국에서 처음으로 시작되었습니다. 하나님께서는 한국의 성도들을 통해 재림을 준비하는 추수사역을 하시기를 원하셨습니다.

지금까지 우리는 성령 하나님께서 영원한 복음을 가진 다른 천사(마리아엘 천사)를 통하여 알려 주는 말씀으로부터 '밭의 가라지 비유'에 대한 구체적인 해석을 받게 되었습니다.

천사들이 알려 준 '밭의 가라지 비유'는 추수사역의 바탕이 되는 말씀이며, 구체적인 내용을 요약하면 다음과 같습니다.

첫째, 세상 끝 날(추수 때)에 하나님께서 추수꾼으로 추수 천사를 보내어 추수하신다고 예언하셨으며(마 13장 37~40절), 그러한 예언의 말씀대로 하나님께서 2009년 5월 한국에 추수꾼인 천사들을 1,004명이나 보내어 추수를 진행하고 있습니다.

이와 같이 추수꾼인 천사가 함께하는 추수에 대하여 '추수사역' 또는 '인치는 추수사역'이라고 칭하고 있습니다.

추수사역 때에 하는 추수에는 두 가지가 있습니다. 하나는 하나님께서 가라지를 떼어 주는 대상자인지 아닌지를 가려내는 추수가 있습니다. 하나님께서 믿음의 공적을 보고 하나님께 인정을 받은 알곡 성도를 골라내는 추수를 말합니다.

다른 한 종류의 추수는 좋은 씨, 곧 십사만 사천 대상자의 몸 안에 붙어 있는 가라지(사단 마귀)를 뽑아내 주는 추수가 있습니다.

둘째, 인치는 추수사역은 십사만 사천이 분포되어 있는 영적 이스라엘의 12나라(12지파)에서 두 길로 나누어 현재 동시에 진행하고 있습니다.

하나는 엘리야 선교사와 인 가진 마리아엘 천사가 가브리엘 천사장과 함께 대한민국에서 인 받을 십사만 사천 성도들을 대상으로 인치는 사역을 진행하고 있습니다.

다른 하나의 길은 인 가진 마리아엘 천사와 라파엘 천사장이 사람의 몸으로 나타나서 미국, 캐나다, 영국 등 11나라에 가서 직접 인 받을 십사만 사천 대상자를 만나 인치는 사역을 진행하고 있으며, 현재까지 10만 명 이상이 인침을 받았습니다(2023년 3월 현재).

셋째, 엘리야 선교사와 인 가진 마리아엘 천사가 인 받을 십사만 사천 대상자와 함께 악수를 하고, 성령께서 그들 몸 안에 있는 가라지(사단 마귀)를 모두 떼어내어 줄 때, 그들이 큰 축복과 함께 하늘의 신령한 은혜를 받게 됩니다. 이러한 일이 바로 추수사역을 하는 목적이며, 동시에 신부 준비를 해 주는 일입니다.

① 성령 하나님께서 택한 성도의 몸 안에 있던 악한 사단 마귀나 귀신을 모두 쫓아내 줌에 따라 악한 영들이 제하여졌으므로 그 성도에게 하나님의 나라가 임하게 됩니다(마 12장 28절).

"그러나 내가 하나님의 성령을 힘입어 귀신을 쫓아낸 것이면 하나님의 나라가 너희에게 임하였느니라."(마 12장 28절)

가라지를 뽑아냄을 받아 하나님의 나라가 임한 성도는 영과 혼과 몸이 흠이 없게 보전된 거룩한 성도이고(살전 5장 23절) 성령으로 거듭난 성도이므로 천국으로 바로 들어가는 구원을 받고(딤후 4장 18절), 살아 있는 동안에 주님이 재림하시면 휴거되는 성도가 됩니다(살전 4장 17절).

② 성령 하나님께서 가라지를 뽑아 낼 때, 인 가진 마리아엘 천사를 시켜서 그들 몸 전신에 '전신갑주'를 입혀 줍니다(엡 6장 11절).

"마귀의 궤계를 능히 대적하기 위하여 하나님의 전신갑주를 입으라."(엡 6장 11절)

하나님의 전신갑주는 성령 하나님께서 인 가진 천사를 시켜서 입혀 주는 것으로, 온몸에 영적 갑옷인 전신갑주를 입어야 영적 전쟁에서 승리할 수 있습니다. 하나님의 전신갑주를 입고 싶은 성도들은 추수사역에 와서 몸에 붙은 가라지를 떼어냄을 받아야 가능합니다.

③ 성령께서 가라지를 뽑아낼 때, 동시에 인 가진 마리아엘 천사를 시켜서 이마에 동그란 하나님의 인(붉은색)을 찍어 줌으로써(계 7장 2~3절) 하나님의 소유가 됩니다.

"2. 또 보매 다른 천사가 살아 계신 하나님의 인을 가지고 해 돋

서울에 와 있는 미카엘 천사장 만나다

는 데로부터 올라와서 땅과 바다를 해롭게 할 권세를 얻은 네 천사를 향하여 큰 소리로 외쳐 3. 가로되 우리가 우리 하나님의 종들의 이마에 인치기까지 땅이나 바다나 나무나 해하지 말라 하더라."(계 7장 2~3절)

초대교회 때로부터 20세기 말까지는 엡 1장 13~14절 말씀대로 성령으로 이마에 하나님의 인을 받았습니다. 그러나 세상 끝 날에 속한 21세기에는 하나님께서 인 가진 천사를 보내어 십사만 사천이나 삼백만 성도들을 대상으로 많은 성도들의 이마에 하나님의 인(영적 도장)을 찍어 주고 있습니다.

하나님의 인을 받으면 하나님의 것 또는 하나님의 소유라는 표이므로 인 받은 성도는 어린 양의 생명책에 이름이 기록되므로 천국으로 들어가는 구원을 받는다는 표징이 됩니다.

넷째, 인치는 추수사역 때에 이마에 인 받은 십사만 사천 성도들은 세계적으로 정확하게 144,000명이며 주님이 재림하시기 전까지 우리선교회에서 인 받은 십사만 사천 성도로 반드시 144,000명을 채울 것입니다. 인 받은 십사만 사천의 인원이 적으므로 하나님께서 추가로 더 인 받게 한 성도들이 있으며 '삼백만 성도'라 불리고 있습니다.

다섯째, 천사들의 추수사역 때에 '전신갑주'를 입고 이마에 인을 받은 십사만 사천과 삼백만 성도들에게는 '하나님의 추수 메달'을 목에 걸게 하여 '큰 환난'이나 베리칩으로부터 특별한 보호를 받게 해 줍니다.

하나님께서 십사만 사천과 삼백만 성도들에게 '하나님의 추수 메달'을 목에 걸게 하여 보호해 주시는 것은 마치 가인이 하나님께로부터 '표'를 받아 어디를 다니든지 죽음에서 보호받았던 것(창세기 4장 15절)과 같은 이치입니다.

추수사역 때에 가라지를 떼임 받고 전신갑주를 입고 이마에 인침 받은 십사만 사천과 삼백만 성도들에게 '하나님의 추수 메달'을 목에 걸게 하는 것은 하나님께서 '큰 환난' 때의 재난이나 베리칩으로부터 '천국의 아들들'을 보호해 주시려고 하는 하나님의 대책에 속한 일입니다.

여섯째, 몸 안에 들어 있는 가라지(사단이나 마귀, 귀신들)를 떼어내고 싶은 분들이나, 하나님의 전신갑주를 입고 싶은 분들, 그리고 이마에 인침을 받고자 하는 분들은 언제든지 우리선교회에 신청하면 됩니다.

먼저 우리선교회에 이름과 나이를 알려 주든지, 또는 사진을 보내 주면 이마에 인침 받은 대상자인지 인 가진 천사(마리아엘 천사)가 생명책 명단을 보고 알려 줍니다.

하나님께서 하늘에서 만든 인 받을 십사만 사천이나 삼백만 대상자의 생명책 명단을 군대장관 미카엘 천사장과 인 가진 마리아엘 천사에게 반반씩 나누어 주었으며, 현재 인 가진 마리아엘 천사가 관리하고 있습니다. 내가 인 받을 십사만 사천이나 삼백만 대상자가 될 것인가의 문제는 하나님께서 나의 믿음을 인정해 주는 일이므로 이러한 명단에 들어간 성도라면 사실상 구원의 범주 안에 들어가는 성도인 것을 아셔야 합니다. 이러한 생명책 명단이 있다니 얼마나 두렵고 떨리는 일입니까?

일곱째, 마 13장 41~42절에 보면 성령 하나님이 직접 관여하는 인치는 추수사역이나 천사의 등장에 대하여 이단 성향이라고 넘어지게 하고 인터넷이나 책자에 기록하여 억지로 이단 단체로 만든 불법적인 행위를 하는 자들은 하나님께서 천사를 보내어 그들을 거두어 내고 모두 엄하게 징계하시고 나중에는 풀무 불(지옥 불)에 넣겠다고 경고하고 있습니다.

"41. 인자가 그 천사들을 보내리니 저희가 그 나라에서 모든 넘어지게 하는 것과 또 불법을 행하는 자들을 거두어 내어 42. 풀무 불에 던져 넣으리니 거기서 울며 이를 갊이 있으리라."(마 13장 41~42절)

마태복음 13장 41~42절 말씀은 하나님께서 추수 천사를 보내어 가라지 떼어내 주고 이마에 인치는 사역을 할 때에 이러한 일을 거부하고 방해하는 사람들이 있을 것을 미리 알고 하신 말씀입니다. 인치는 추수사역에 대하여 이단시 하고 방해하는 자들에 대하여 살아 계신 하나님에게 도전 하는 행위로 간주하시고 천사를 시켜서 징계도 하시고 나 중에 지옥 불에 들어가게 하신다는 말입니다.

천사들과 함께하는 추수사역이 이미 2009년 5월에 시작 되었으며 추수 천사들이 한국을 시작으로 하여 미국과 캐 나다 그리고 영국, 독일, 이탈리아 등 인침 받을 십사만 사 천이 분포되어 있는 12나라에 가서 현재 활발하게 추수사 역을 진행하고 있습니다.

목회자들이여, 성도들이여, 지금 바로 천사들과 함께하는 추수사역에 귀를 기울이시기 바랍니다. 하나님께서 마 13 장 37절의 추수 천사를 이스라엘에 보내지 않으시고 대한 민국에 보내셨습니다.

여러 성도들에게 천사들이 인 받을 십사만 사천에 속한 성도(추가자인 삼백만 포함)라고 알려 주면 지체 없이 엘리야 선교사를 만나 영적 성화와 전신갑주를 입고 또 이마에 인 을 받은 후, '하나님의 추수 메달'을 받는 하늘의 축복을 받 으시기 바랍니다.

천사들의 추수사역 때에 몸 안의 가라지를 몰아내고 전신갑주를 입은 성도들은 그들 몸 안에 다시는 사단이나 마귀, 그리고 귀신들과 같은 악한 영들이 들어오지 못하므로 항상 영적 싸움에서 승리합니다.

또한 이마에 인침 받은 성도가 세상을 떠날 때에는 그들의 영혼을 천사들이 안내하여 낙원(중간 천국)을 거치지 않고 그대로 천국으로 곧바로 들어가는 축복을 받으며 살아 있는 동안에 주님이 오시면 휴거하는 성도가 됩니다. 할렐루야!

15

2011년에 '큰 환난' 도래하다

요한계시록 6장에 말을 탄 자들이 등장을 합니다. 여기에 분명하게 흰말, 붉은 말, 검은 말, 그리고 청황색 말을 탄 자들 네 명이 나옵니다. 맨 처음에 등장하는 흰말은 누가 타고 나타납니까? 이런 흰말을 탄 자들이 언제 이 땅에 나타납니까? 둘째, 셋째, 넷째는 각각 누가 타는 말입니까? 하늘에도 말과 같은 동물이 있다는 말입니까?

2011년 2월 3일 동트는 새벽에 미국의 MSNBC 기자가 이집트 시위 장면을 동영상으로 찍고 있었습니다. 14분 17초 길이의 뉴스 영상 중에 10분 40초 지날 때 갑자기 흰말을 탄 자가 당당한 모습으로 나타나더니 왼쪽에서 오른쪽으로 움직이다가 하늘로 올라가는 모습이 담긴 것입니다.

이 흰말을 탄 자에 대하여 세계 각국에서 여러 가지 해석을 내놓고 있었으나, 똑바른 해석을 내놓는 사람이 없으므로 '미스터리 말 탄 자(Mystery Horse Rider)'라고 보도를 했습니다. 왜냐하면 이 영상은 단순하게 뉴스를 위해 시위 현장을 찍은 것이며 뉴스 시간에 동영상을 내보내고 있을 때 갑자기 날개 달린 흰말과 흰말을 탄 자가 보였으므로 영상을 조작할 아무런 이유가 없었기 때문입니다.

※ 다음 링크에서 미카엘 천사장의 동영상을 보시기 바랍니다.
"Must see! Fiery red horse of war(2011. 2. 11.)"
https://www.youtube.com/watch?v=G8U_ZQXGnX8

동영상을 자세하게 보면, 날개 달린 흰말을 탄 분이 면류관(투구)을 쓰고 있으며, 몸집이 크고 너무 위용이 당당하며 사람 같지가 않습니다. 흰말의 크기가 너무 크고 왼편에서 오른편으로 이동하다가 하늘로 올라간 점으로 보아, 미카엘 천사장이라는 것을 성령께서 직감적으로 알게 해 주었습니다.

특히 엘리야 선교사가 미카엘 천사장 본인에게 물었더니 자신이 이집트에 직접 갔었다고 증언하고 있고, 엘리야 선교사 통역으로 이를 확인하였습니다.

처음에 흰말이 출발하려고 했을 때 날개를 치며 날갯짓을 힘차게 하는 모습이 보였으며, 날개 빗살이 약간 스쳐 지나

간 것도 보였습니다. 이런 날개를 가진 말은 하늘의 말인 것을 증명하고 있습니다. 그러니까 미카엘 천사장이 하늘의 흰말을 타고 이집트 현장에 나타난 것입니다.

흰말을 탄 자에 대하여 기록된 계시록 6장 1~8절 말씀에 대한 해석을 알아보도록 하겠습니다. 영원한 복음을 가지고 있는 다른 천사(마리아엘 천사)를 만나서(계 14장 6절), 요한계시록에 나오는 네 마리의 말에 대하여 질문을 했습니다. 마리아엘 천사와 가진 질의응답을 소개합니다. 이러한 질문에 대하여 엘리야 선교사가 통역을 해 주었습니다.

(Q 1) 요한계시록 6장 1절에서 네 생물은 누구이며, 네 생물 중의 하나는 누구를 나타냅니까?

(대답) 네 생물은 네 분의 원로 장로인 아브라함, 에녹, 엘리야, 모세입니다. 그리고 네 생물 중에 하나는 아브라함 장로를 뜻합니다. 네 생물에 대하여 요한계시록 4장에 나오는 '네 생물'은 미카엘 천사장을 뜻하지만, 6장 1절에 나오는 '네 생물'은 네 분 원로 장로를 뜻합니다. '네 생물'은 두 가지 의미를 담고 있습니다.

(Q 2) 요한계시록에 나오는 둘째 생물(계 6장 3절), 셋째 생물(계 6장 5절), 넷째 생물(계 6장 7절)은 각각 누구를 뜻합니까?

(대답) 둘째 생물은 에녹, 셋째 생물은 엘리야, 넷째 생물은 모세를 나타냅니다.

(Q 3) 요한계시록 6장 2절에서 흰말을 탄 자가 누구인지, 또 그는 어떤 모습인지 소개해 줄 수 있습니까?

(대답) 날개 달린 하늘의 흰말을 탄 자는 미카엘 천사장입니다. 미카엘은 키가 8m

장신이며, 허리에 큰 칼 두 개를 찼고, 머리에는 투구같이 생긴 면류관을 썼으므로 매우 위엄이 있는 모습입니다.

(Q 4) 흰말을 탄 미카엘 천사장은 한국에 언제 나타났습니까? 이 일로 인하여 어떠한 일이 일어났습니까?

(대답) 미카엘이 활을 들고 머리에 면류관을 쓰고 한국에 2010년 봄에 나타났으며 미카엘이 2011년에 큰 환난이 시작되도록 하였습니다.

(Q 5) 요한계시록 6장 2절의 '이기고 또 이기려고 하더라'라는 말씀은 미카엘이 흰말을 타고 나가서 누구와 무슨 일을 한다는 뜻입니까?

(대답) '이기고 또 이기려고 하더라'라는 말씀은 미카엘이 2010년부터 용이나 사단이나 짐승과 더불어 영적 전쟁을 할 것이며, 미카엘이 항상 이러한 영적 전쟁에서 이기고 정복하게 된다는 말입니다.

(Q 6) 요한계시록 6장 4절에 나오는 붉은 말은 누가 타게 되며 그는 언제 오게 됩니까?

(대답) 날개 달린 붉은 말은 가브리엘 천사장이 타는 말이며, 붉은 말을 탄 가브리엘은 2014년 2월 14일 둘째 인을 뗄 때에 서울에 왔습니다. 현재 우리는 둘째 인 시대에 살고 있습니다(2025년 1월 현재).

(Q 7) 요한계시록 6장 5절에 나오는 검은 말은 누가 타게 되며 그는 언제 오게 됩니까?

(대답) 날개 달린 검은 말은 우리엘 천사장이 타게 되며, 그는 현재 매우 오래전부터 지구에 와 있으며, 셋째 인을 뗄 때에 검은 말을 타고 나타날 것입니다.

(Q 8) 요한계시록 6장 8절에 나오는 청황색 말은 누가 타게 되며 그

는 언제 오게 됩니까?

(대답) 날개 달린 청황색 말은 라파엘 천사장이 타게 됩니다. 라파엘은 2007년부터 한국에 와 있으며, 엘리야 선교사에게 시중들고 있습니다. 넷째 인을 뗄 때에 라파엘은 그 청황색 말을 타고 요한계시록 6장 8절의 말씀대로 순종하며 사역을 할 것입니다.

(Q 9) 흰말, 붉은 말, 검은 말, 그리고 청황색 말은 그 크기가 얼마나 됩니까?

(대답) 미카엘이 타고 있는 흰말의 크기는 길이가 7.5m 정도 되고 높이는 2.5m 정도 됩니다. 그러나 다른 붉은 말, 검은 말, 그리고 청황색 말은 흰말보다 작으며, 지구상에 있는 큰 말 정도의 크기입니다.

그렇습니다. 요한계시록 6장 1~2절의 말씀이 그대로 응하여 흰말을 탄 미카엘 천사장이 면류관을 쓰고 손에 활을 들고 2011년에 한국 땅에 나타났습니다. 여기에서 하나님께서 우리에게 주시는 메시지를 듣기로 하겠습니다.

첫째, 계시록 6장 2절의 흰말을 탄 미카엘 천사장이 한국에 등장함에 따라 계시록에 예언된 '큰 환난'이 드디어 2011년에 시작되었습니다. 그러므로 계속하여 둘째 인으로부터 일곱째 인이 떼어질 것이고 일곱 나팔 심판이 진행되고 또 이어서 일곱 대접 심판이 진행될 것입니다.

요한계시록의 기록은 21세기에 일어날 일들을 미리 예언한 말씀입니다. 누구나 궁금해하는 것은 흰말을 탄 미카엘 천사장이 언제 이 땅에 나타나느냐에 있었습니다. 여러분, 놀라지 마십시오. 2011년에 바로 이 흰말을 타고 당당한 모습으로 나타난 미카엘은 현재 서울에 와 있으며, 이 일이 실제 상황입니다.

둘째, 계시록 6장 2절에 흰말을 타고 면류관을 쓰고 등장하는 분은 하나님의 군대장관 미카엘 천사장입니다. 2017년도에 계시록 12장 7~9절에 예언된 말씀대로 미카엘과 그 부하들 그리고 용과 그 부하들 사이에서 하늘의 영적 전쟁이 있었으며 이때 용들이 쫓겨나 모두 땅으로 내려왔습니다.

우리 성도들은 하나님께서 이 시대로부터 큰 환난의 예언의 말씀을 이루려고 하시므로 긴장해야 합니다. 깨어 기도해야 합니다. 우리 하나님께 간절하게 매달려서 용이나 사단이나 짐승의 공격으로부터 보호해 달라고 힘써 기도할 때입니다.

셋째, 우리 하나님께서 큰 환난의 때에 하나님의 알곡 성도들을 위하여 특별하게 보호해 줄 대책을 세우셨습니다. 하나님께서 문제의 심각성을 아시고 큰 환난 때에 미카엘 천사장을 보내어 생명책에 들어 있는 성도들을 구원해 주기 위하여 보내셨습니다.

다니엘 12장 1절에 보면, 하나님께서 큰 환난 때에 미카엘을 보낼 것이며 특별히 생명책에 들어 있는 알곡 성도들을 환난에서 구원해 줄 것이라고 약속하고 있습니다.

"그때에 네 민족을 호위하는 대군 미가엘이 일어날 것이요 또 환난이 있으리니 이는 개국 이래로 그때까지 없던 환난일 것이며 그때에 네 백성 중 무릇 책에 기록된 모든 자가 구원을 얻을 것이라."(단 12장 1절)

우리 하나님이 세운 첫 번째 대책은 천사들의 추수사역(마 13장 36~40절) 때에 이마에 인 받은 십사만 사천(삼백만 성도 포함)에게 전신갑주를 입혀주고, 또 그들에게 **'하나님의 추수 메달'**을 주어 환난 때에 당하는 각종 재난이나 자연재해, 질병이나 위험으로부터 특별하게 보호해 줄 것입니다.

두 번째 대책은 베리칩으로 인하여 통제하는 무서운 때가 될 경우에는 하나님의 예비하신 곳인 예비처로 들어가 피하라고 말씀하고 있습니다. 그럴 경우 미카엘과 부하 천사를 시켜서 예비처를 지켜 줄 것이라고 말씀하십니다.

'큰 환난'이라는 너무 두렵고 무서운 때가 도래하였습니다. 우리 하나님께서는 우리 성도들이 이런 큰 환난의 때를 면하려면, 미카엘 천사장을 만나라고 하십니다.

하나님께서 추수사역과 영적 전쟁을 위해 흰말을 탄 미카엘을 보냈으니 십사만 사천의 성도들은 안심하고 미카엘을 만나고, 이마에 하나님의 인침을 받으라고 하십니다.

또 흰말 탄 미카엘을 먼저 한국에 보낸 것이 사실이며, 계시록 6장 1~2절에 예언한 대로 첫째 인이 떼어졌으므로 '큰 환난'이 시작하였으니, 깨어 기도하고 대비하여야 합니다.

그렇습니다. 깨어 기도하고 말씀 위에 굳게 서야 합니다. 우리 성도들은 하나님을 바라보며 한국에 온 미카엘 천사장을 만나야 할 때입니다.

16.
2014년에 붉은 말 탄 자 서울에 나타나다

오늘날 계시록을 해석하는 사람들은 요한계시록 6장 3~4절에 예언된 붉은 말이 무엇인지, 또 붉은 말 탄 자가 누구인지에 대하여 잘 모르고 있습니다.

어떤 분은 붉은 말에 대하여 "붉은 말은 전쟁의 표상이며 그 시기는 사도들의 전도 운동에 뒤따라온 전쟁이다", "붉은 말을 볼 때 전쟁을 연상하기는 어렵지 않다", "붉은 말은 전쟁과 피를 상징하며 붉은 공산주의를 가리킨다", "붉은 말은 피를 몰고 다닌다. 붉은 말은 가는 곳마다 전쟁과 분규, 갈등과 아픔을 조성한다" 등 여러 해석을 하고 있습니다.

성경 해석하는 사람들은 흰말, 붉은 말, 검은 말, 청황색 말에 대하여 너무 엉뚱한 해석을 하고 있습니다. 모든 천사는 날개 달린 말을 타고 다닙니다. 네 말은 하늘에 있는 영적인 말(馬)로서 말 잔등 중앙에 두 날개가 달려 있으며 실제

194 　　　서울에 와 있는 미카엘 천사장 만나다

로 네 천사장이 타고 다니는 말입니다.

계시록 6장 3~4절에 나오는 둘째 생물은 누구인지, 붉은 말을 탄 자는 누구인지, 또 계시록 6장 4절에 대하여 어떻게 해석해야 하는지, 붉은 말 탄 자가 언제 나타나는지에 대하여 하나님께서 '펴 놓인 작은 책(계 10장 2절)'을 들고 있는 미카엘 천사장을 통하여 알려 주신 해석을 듣도록 하겠습니다. 천사와의 대화는 엘리야 선교사가 통역해 주었습니다.

(Q 1) 요한계시록 6장 2~8절에 나오는 흰말, 붉은 말, 검은 말, 청황색 말은 스가랴 6장 2~3절에 나오는 백마, 홍마, 흑마, 얼룩말과 같은 말입니까?

"첫째 병거는 붉은 말들이 끌고 있고, 둘째 병거는 검은 말들이"(슥 6장 2절 표준새번역)

"셋째 병거는 흰말들이, 넷째 병거는 얼룩말들이 끌고 있었다. 말들은 모두 건장하였다."(슥 6장 3절 표준새번역)

(대답) 네, 그렇습니다.

(Q 2) 천사가 대답하여 가로되 "이는 하늘의 네 바람인데 온 세상의 주 앞에 모셨다가 나가는 것이라 하더라."(슥 6장 5절 개역한글)

"그 천사가 나에게 대답하였다. 그것들은 하늘의 네 영이다. 온 세상을 다스리시는 주님을 뵙고서, 지금 떠나는 길이다."(슥 6장 5절 표준새번역)

"And the angel answered and said unto me, These are the four spirits of the heavens, which go forth from standing before the LORD of all the earth."(슥 6장 5절 KJV)

① 스가랴 6장 5절에서 개역한글에서는 '하늘의 네 바람'이라 번역하였고, 표준새번역이나 KJV에서는 'the four spirits of the heavens'라 하여 '하늘의 네 영'으로 번역하고 있습니다. 어느 번역이 더 바릅니까?

(대답) '하늘의 네 영'이라 번역하는 것이 바릅니다.

② 스가랴 6장 5절에서 흰말, 붉은 말, 검은 말, 얼룩말을 탄 자들은 '하늘의 네 영'이라고 말씀하고 있는데 무엇을 가리킵니까? 각각 누구를 가리킵니까?

(대답) 흰말, 붉은 말, 검은 말, 얼룩말을 탄 자들은 네 천사장을 가리킵니다. 여기에 나오는 천사장은 각각 미카엘, 가브리엘, 우리엘, 라파엘 네 천사장을 가리킵니다.

(Q 3) 계시록 6장 3절 말씀입니다. **"둘째 인을 떼실 때에 내가 들으니 둘째 생물이 말하되 오라 하더니"**(계 6장 3절)

① 네 생물은 누구이며 둘째 생물은 누구입니까?

(대답) 계시록에 나오는 네 생물은 미카엘 천사장, 또는 천국의 네 분 원로 장로를 뜻하는 이중적인 해석을 해야 합니다. 계시록 6장에 나오는 네 분의 원로 장로는 아브라함(첫째 생물), 에녹(둘째 생물), 엘리야(셋째 생물), 모세(넷째 생물)의 네 분의 장로이며, 둘째 생물은 에녹 장로를 가리킵니다.

② 천국에 있는 둘째 생물이 붉은 말을 탄 자를 '오라'고 부른 것은

서울에 와 있는 미카엘 천사장 만나다

어디로 오라는 뜻입니까?

(대답) 붉은 말 탄 자가 하늘 보좌에서 바로 하나님 앞에 서 있으므로 둘째 생물(에녹 장로)이 하나님 앞으로 '오라'고 부른 것입니다.

③ 첫째 인 기간은 2011년에 시작하여 2014년 2월까지 약 3년이었습니다. 둘째 인 기간도 3년 정도 됩니까?

(대답) 아닙니다. 둘째인 기간은 첫째 인 때보다 훨씬 긴 기간이 될 것입니다.

(Q 4) 계시록 6장 4절 말씀입니다. **"이에 붉은 다른 말이 나오더라 그 탄 자가 허락을 받아 땅에서 화평을 제하여 버리며 서로 죽이게 하고 또 큰 칼을 받았더라."**(계 6장 4절)

① 붉은 말 탄 자는 가브리엘 천사장입니까?

(대답) 그렇습니다. 붉은 말 탄 자는 가브리엘 천사장입니다.

② 붉은 말 탄 자인 가브리엘 천사장은 언제 한국에 왔습니까?

(대답) 가브리엘 천사장은 2014년 2월 18일에 한국에 도착하였습니다.

③ 둘째 인은 언제 떼어졌습니까? 둘째 인 심판은 언제부터 시작되었습니까?

(대답) 둘째 인은 붉은 말 탄 자인 가브리엘 천사장이 등장한 2014년 2월 18일에 떼어졌으며, 둘째 인 심판도 2014년 2월 18일부터 시작되었습니다.

④ 붉은 말 탄 자가 나온다는 말은 어디로 나온다는 뜻입니까?

(대답) 가브리엘 천사장이 한국에 나타난다는 뜻입니다.

⑤ 붉은 말 탄 자가 누구에게 무슨 허락을 받는다는 말입니까?

(대답) 붉은 말 탄 자가 둘째 인이 떼어졌으므로 천국을 떠나도 되는지, 그리고 둘째 인 심판의 수행을 해도 되는지를 하나님에게서 허락을 받는다는 뜻입니다.

⑥ 여기에서 '**화평을 제하여 버리고 서로 죽이게 하고**'라는 말은 무슨 뜻입니까? 붉은 말 탄 자가 이런 일을 조장하게 됩니까?

(대답) 국제적으로 평화를 유지하고 있었던 나라 간에, 또는 종족 간에 유지하고 있었던 평화의 분위기가 깨어지고 분쟁과 전쟁으로 치닫게 됨을 가리킵니다. 그러므로 세계 여러 곳에서 여러 나라 간에 종족 간에나 분쟁 또는 전쟁이 빈번하게 발생하게 될 것입니다. 이러한 분쟁이나 전쟁은 악한 사단이 적극적으로 조장하게 되지만, 붉은 말 탄 자는 평화케 하도록 조정하지 않고 이를 방관하게 될 것입니다.

어느새 둘째 인을 뗄 때에 붉은 말을 탄 가브리엘 천사장이 한국에 등장했습니다. 붉은 말을 탄 가브리엘이 2014년 2월 18일에 한국에 왔으므로 드디어 둘째 인은 2014년 2월 18일에 떼어졌습니다. 지금 우리는 둘째 인 시대에 살고 있습니다(2025년 1월 현재).

'**화평을 제하여 버리며 서로 죽이게 하므로**' 여러 곳에서 전쟁이나 살상이나 테러, 사고나 각종 재해가 매우 빈번하게 발생하고 있습니다. 한국 땅에 전쟁이 일어나지 않도록 힘써 기도해야 합니다. 앞으로 둘째 인 기간이 끝난 후에 백두산 화산 폭발이 생길 것이므로 국가적으로 이를 대비하여야 합니다.

17

요한계시록 해석 함께 받고 있다

주님께서 이미 마태복음 24장 23~24절에 세상 끝 날에 거짓 그리스도들과 거짓 교사들(이단들)이 일어나 미혹할 것이라고 예언한 바 있습니다. 오늘날 한국 교회의 병폐 중 하나는 이단들이 그 어느 때보다 기성 교회를 공격하고 붕괴하려고 책동하는 것이 심각한 수준에 달하고 있다는 점입니다.

이단들이 들고 나와 사용하는 도구는 바로 요한계시록 해석입니다. 기성 교회 목사님들은 주변에서 수백 가지의 다양한 요한계시록 해석이 쏟아져 나오는 바람에 혼란을 겪고 있습니다. 그렇지만 어느 계시록 해석을 참고로 해야 하는지를 몰라서 신중하게 대처하는 바람에 교회에서는 목회자들이 계시록 해석을 자주 전하지 않고 있는 실정입니다.

바로 이 점을 노려서 이단들은 자기가 속해 있는 교단만

이 바른 계시록 해석을 풀었노라고 자랑하며 기성 교회 성
도들을 유혹하는 바람에 많은 목회자들과 성도들이 넘어지
고 있습니다.

그렇다면 요한계시록의 해석을 누구에게, 어떻게 받아야
합니까? 과연 어느 계시록의 해석이 가장 바른 해석입니까?

함부로 계시록 해석하면 어떻게 되나

우리 성도들이 알아 두어야 할 것은 현재 요한계시록을
연구한 몇몇 교수의 책이나, 주석이나 강해서 어느 것을 보
아도 일부 맞는 부분은 있으나 자세하게 분석하여 보면 하
나님의 뜻에 맞는 해석을 찾아볼 수 없는 실정입니다. 왜냐
하면 요한계시록만은 도그마식 학문적인 해석이 통하지 않
는 유일한 책이기 때문입니다.

이것은 무엇을 뜻합니까? 요한계시록은 하나님께서 하늘
의 비밀로 감추어 두었기 때문에 그렇습니다. 특히 요한계
시록은 때가 되면 하나님께서 풀어 줄 것이니까 함부로 해
석하지 말라는 뜻입니다.

서울에 와 있는 미카엘 천사장 만나다

계시록 22장 18~19절 말씀대로 누구든지 요한계시록에 기록된 이외의 것을 더하거나 감하면 하나님께서 무섭게 징계를 하시겠다고 경고하고 있으며 함부로 계시록 해석을 하지 말라고 경고하고 있습니다.

"18. 내가 이 책의 예언의 말씀을 듣는 각인에게 증거하노니 만일 누구든지 이것들 외에 더하면 하나님이 이 책에 기록된 재앙들을 그에게 더하실 터이요 19. 만일 누구든지 이 책의 예언의 말씀에서 제하여 버리면 하나님이 이 책에 기록된 생명나무와 및 거룩한 성에 참예함을 제하여 버리시리라."(계 22장 18~19절)

그럼에도 불구하고 초대 교부시대로부터 오늘날에 이르기까지 수많은 성경학자들이나 목회자들이 계시록 해석을 해왔고 논문이나 책으로 발표를 했습니다. 그러나 어느 누구도 바르게 해석한 사람은 한 사람도 없기 때문에 그 많은 사람 모두가 하나님께 책망받고 징계를 받을 수밖에 없게 되었습니다.

왜 책을 봉함해 두셨나

계시록 5장 1절에 보면 보좌에 앉으신 하나님 아버지의 오른손에 책이 있으며 이 책을 일곱 인으로 봉하였다고 기록하고 있습니다.

"내가 보매 보좌에 앉으신 이의 오른손에 책이 있으니 안팎으로 썼고 일곱 인으로 봉하였더라."(계 5장 1절)

여기에서 하나님 아버지의 오른손에 있는 책이란 무엇입니까? 이 '작은 책'이 무엇인지를 알아야 하는데 '작은 책'에 대한 바른 해석조차도 사람들이 잘 모르고 있습니다.

어떤 분은 '작은 책'에 대하여 성경 말씀 전체라고 해석하고 있으나 그렇지 않습니다.

여기에서 '작은 책'이란 두 가지 의미가 있습니다. 좁은 의미로 보면 '작은 책'이란 바로 요한계시록을 가리키고 있습니다. 넓은 의미로 '작은 책'이란 계 10장 7절의 말씀대로 **'하나님의 비밀이 그 종 선지자들에게 전하신 복음'**, 곧 영원한 복음(계 14장 6절)을 뜻하기도 합니다. 그러므로 '작은 책'은 영원한 복음 내용이고 그 안에 하늘의 비밀이 들어 있는 책입니다.

신구약 성경에서 하늘의 비밀에 속한 것에는 어떤 것이 있습니까? 요한계시록 해석뿐만 아니라, 천지 창조의 해석,

서울에 와 있는 미카엘 천사장 만나다

천국과 낙원이나 음부와 지옥의 구별, 천국의 위치, 다니엘서나 에스겔서, 및 스가랴서의 예언서 해석 등을 가리키고 있습니다.

계 5장 1절에서 일곱 인으로 봉함한 '책(작은 책)'은 어린 양에게 주어 앞으로 때가 되면 어린 양이 일곱 인을 떼시도록 했습니다. 문제는 왜 하나님께서 이 '책(작은 책)'을 일곱 인으로 봉함해 두었는가 하는 점입니다.

단 12장 4절에 보면 다니엘서에 기록한 글을 봉함해 두게 된 이유가 적혀 있습니다. 다니엘서의 하늘의 비밀도 '작은 책' 안에 들어 있으므로 결국 단 12장 5절에서 다니엘서를 봉함해 둔 이유는 바로 '작은 책' 내용을 봉해 둔 이유도 됩니다.

"다니엘아 마지막 때까지 이 말을 간수하고 이 글을 봉함하라 많은 사람이 빨리 왕래하며 지식이 더하리라."(단 12장 4절)

다니엘 12장 4절에서 **많은 사람이 빨리 왕래하며 지식이 더하리라** 하는 말씀은 21세기 상황을 예언하고 있는 말씀입니다.

계시록 5장 1절에서 '책(작은 책)'을 일곱 인으로 봉함해 둔 이유는 앞으로 21세기에는 교통 기관이 빠르게 운행하고 인터넷 발달로 인한 정보 처리 능력이 크게 향상하게 될 것을 예상하였으며 그러한 큰 변화가 있는 시대에 대한 예언을 기록해 두면 이해하기도 어렵고 또 큰 혼란이 올 것이 예상되기 때문에 '책(작은 책)'을 봉함해 둔 것입니다. 그리고 예수 그리스도께서 또 하늘의 비밀을 하나님의 때에 공개하려는 하나님의 뜻이 있었기에 이를 봉함해 둔 것입니다.

봉함한 작은 책 언제 열어 주시나

계시록 5장 1절에서 일곱 인으로 봉함한 '책(작은 책)'을 가지고 계신 어린 양이 봉함한 책을 언제 열어 주실 것입니까? 그때는 '많은 사람이 빨래 왕래하며 지식이 더하리라' 하는 징조가 있을 때이며 바로 21세기를 뜻하고 있습니다.

그리고 계시록 6장 1절에 예언한 대로 어린 양이 첫째 인을 뗀다고 기록하고 있습니다. 어린 양이 첫째 인을 떼었는지 떼지 않았는지를 알아보려면 계 6장 2절에 예언한 대로 머리에 면류관(투구)을 쓰고 활을 들고 흰말을 탄 자가 등장하는 것을 보면 알게 될 것입니다.

아시는 대로 2011년에 미카엘 천사장이 머리에 면류관(투구)을 쓰고 활을 들고 하늘의 흰말을 타고 서울에 나타났으며 드디어 2011년에 '큰 환난'이 시작되었습니다. 흰말 탄 자의 등장은 바로 어린 양이 첫째 인을 떼었다는 증거가 되며, 이때 계시록 5장 3절의 봉함한 '책'이 처음으로 열리게 되었습니다.

다음으로 봉함한 '책(작은 책)'을 열어 주어 공개한다는 말씀은 계 10장 1~2절에 예언되어 있습니다. '펴 놓인 작은 책'에서 '펴 놓았다'라는 말은 '책(작은 책)'을 열어서 공개한다는 뜻입니다.

"1. 내가 또 보니 힘센 다른 천사가 구름을 입고 하늘에서 내려오는데 그 머리 위에 무지개가 있고 그 얼굴은 해 같고 그 발은 불기둥 같으며 2. 그 손에 펴 놓인 작은 책을 들고 그 오른발은 바다를 밟고 왼발은 땅을 밟고"(계 10장 1~2절)

계 10장 1~2절에서 '펴 놓인 작은 책'을 들고 있는 자는 '힘센 다른 천사(계 10장 1절)'이며 '힘센 다른 천사'가 미카엘 천사장이므로 21세기에 흰말 탄 미카엘 천사장이 등장할 때에 '작은 책'을 열어서 공개한다고 말씀하고 있습니다.

그러므로 '펴 놓인 작은 책'을 들고 있는, '힘센 다른 천사'인 미카엘이 2011년에 첫째 인을 뗄 때에 흰말을 타고 나타났으므로 결국 주님께서 '작은 책'을 열어서 공개하기 시작한 때는 2011년부터입니다.

계시록 해석 누가 열고 해석할 수 있나

계시록 5장 3절에 보면 하늘 위에서나 땅에서나 요한계시록 해석이 들어 있는 '책(작은 책)'을 펴거나 보거나 할 자는 아무도 없다고 분명하게 말씀하고 있습니다. 말하자면 하나님께서 계시록 해석을 이 땅 위의 어느 누구에게도 해석하도록 허락하지 않으신다는 말씀입니다.

"하늘 위에나 땅 위에나 땅 아래에 능히 책을 펴거나 보거나 할 이가 없더라."(계 5장 3절)

그럼에도 불구하고 이단 단체나 또 일부 유명 목사들, 또 계시록 전공 박사 학위 가진 분들이 계시록 해석을 책이나 매스컴으로 남에게 알리고 발표하고 있으나 하나님께서 이를 금하고 있습니다.

그러면 하나님께서 계시록 해석이 들어 있는 '작은 책'을 누구를 통해 공개합니까? '책(작은 책)'을 가지고 계시고 일곱 인을 떼시는 예수 그리스도께서 직접 공개해 주시지는 않으십니다.

계 10장 1~2절을 보면 '펴 놓인 작은 책'을 들고 있는 자는 '힘센 다른 천사(계 10장 1절)'이므로 '작은 책'에 들어 있는 요한계시록 해석은 하나님께서 반드시 '힘센 다른 천사(계 10장 1절)'인 미카엘을 시켜서 '작은 책'의 해석을 공개한다고 기록하고 있습니다.

"그 손에 펴 놓인 작은 책을 들고 그 오른발은 바다를 밟고 왼발은 땅을 밟고"(계 10장 2절)

요한계시록의 바른 해석을 받고 싶습니까? 요한계시록 해석은 사람에게서 듣는 것이 아닙니다. 또한 주님이 직접 계시록 해석을 말씀하지 않습니다. '펴 놓인 작은 책'을 들고 있는 '힘센 다른 천사(계 10장 1절)'인 미카엘 천사장을 찾아가서 만나 물으면 됩니다.

그러면 '힘센 다른 천사'인 미카엘 천사장을 어떻게 만날 수 있을까요? 군대장관 미카엘이 현재 우리선교회 엘리야 선교사 곁에 와 있기 때문에 누구든지 엘리야 선교사를 만나면 됩니다. 우리가 미카엘을 만나더라도 영적인 눈이 열리지 않아 미카엘을 볼 수 없다는 문제에 봉착합니다. 결국 미카엘을 눈으로 보기도 하고 대화도 가능한 엘리야 선교사를 만나서 통역을 해 달라고 하여 미카엘과 대화를 해야 합니다.

그러므로 계 10장 1~2절에 따라 요한계시록의 바른 해석을 받고 싶은 분들은 누구든지 우리 선교회에 연락하면 엘리야 선교사를 통해 그 곁에 있는 미카엘을 만날 수 있으며 미카엘을 통해 가장 바른 계시록 해석을 받을 수 있습니다.

그동안 수백 명의 성도들과 목회자들이 '힘센 다른 천사'인 미카엘 천사장을 만나서 '펴 놓인 작은 책(계 10장 2절)'에 들어 있는 계시록 해석을 함께 받았으며 지금도 우리선교회에서 모임이 있을 때마다 '펴 놓인 작은 책'에 들어 있는 창조 해석, 스가랴서 해석, 다니엘서 해석 등 많은 하늘의 비밀을 받고 있습니다.

계시록 해석을 받고자 하는 목회자에게

요한계시록의 바른 해석에 관하여 누구보다 목회자들이 가장 갈망하고 있습니다. 그런데 이런 틈을 타서 이단들이 바른 해석을 했노라고 떠들어대니, 이단들이 주장하는 계시록 해석에 대하여 목회자들은 어떻게 대처해야 합니까?

목회자들께서 어느 누가 주장하는 계시록 해석을 접하게 되면 다음 네 가지 관점에 대하여 질문한 다음, 여기에 제시하는 해석과 맞지 않으면 그들과의 교제를 재고해야 할 것입니다.

여기에서 제시한 요한계시록 해석은 어느 누구의 개인이

한 해석이 아니라, 하나님께서 '펴 놓인 작은 책(계 10장 2절)'을 들고 있는 미카엘 천사장(계 10장 1절의 '힘센 다른 천사)을 통해서 해석을 해 놓은 것이기 때문에 가장 바른 해석인 것을 아시기 바랍니다. 몇 가지 예를 들어 보겠습니다. 비교해 보시기 바랍니다.

★ 말에 대한 해석

계시록 6장 1~8절에 나오는 흰말, 붉은 말, 검정 말, 청황색 말은 천사들이 타는 말을 뜻하며, 흰말을 탄 자는 미카엘 천사장, 붉은 말을 탄 자는 가브리엘 천사장, 검정 말을 탄 자는 우리엘 천사장, 그리고 청황색 말을 탄 자는 라파엘 천사장을 가리킵니다.

★ 십사만 사천 해석

계시록 7장 2~4절에 나오는 **인 맞은 십사만 사천**은 주님의 뜻을 따라 선택받은 알곡 성도들로서, 인 가진 천사를 통하여 이마에 하나님의 인침 받은 성도입니다.

인 맞은 십사만 사천은 세계적으로 영적 이스라엘인 12나라(이스라엘 12지파)에 분포되어 있으며 '큰 환난' 때에 특별한 보호를 받는 성도이고 대부분 순교하는 자입니다. **인 맞은 십사만 사천 인원은** 정확하게 144,000명이고 십사만 사천이

144,000명이면 적은 수이므로 하나님께서 십사만 사천 신분은 아니지만 추가로 3백만 명 이상의 알곡 성도들('삼백만 성도라 칭함)에게 인침 받을 기회를 더 주고 있습니다.

★ 작은 책 해석

계시록 10장 2절, 9~10절에 나오는 **'펴 놓인 작은 책'** 또는 **'작은 책'**이란 하나님의 비밀이나, 계시록 해석 등 영원한 복음이 들어 있는 책입니다. '작은 책'에 들어 있는 요한계시록 해석은 21세기에 하나님께서 '펴 놓인 작은 책(계 10장 2절)'을 들고 있는 미카엘 천사장(계 10장 1절의 '힘센 다른 천사)을 통해 공개하고 있습니다.

★ 666표 해석

계시록 13장 16~18절에 나오는 **'666표'**는 오른손이나 이마의 피부 속에 이식하는 베리칩이라는 생체칩과 동일한 것입니다. 주 예수를 믿는 성도들이 베리칩을 받으면 적그리스도 단체로부터 마인드 컨트롤을 받기 때문에 사단의 부하가 되고 하나님을 대적하고 사단을 섬기는 사람으로 변하게 되므로 결코 구원을 받지 못합니다.

위에 제시한 네 가지 계시록 해석 중에 하나 또는 두 가지

서울에 와 있는 미카엘 천사장 만나다

정도가 맞지 않을 경우, 잘못된 해석인 것을 아시고 이단들이 접근해 올 때 바르게 대응하시기 바랍니다.

우리 선교회에 오시면 언제든지 엘리야 선교사 곁에 있는 미카엘 천사장(계 10장 1절의 '힘센 다른 천사')을 만나게 해 드립니다. '펴 놓인 작은 책(계 10장 2절)'에 들어 있는 계시록 해석이나 하늘의 비밀을 함께 직접 받아 보시기 바랍니다.

기왕이면 선교회에서 진행하는 추수사역에 와서 이마에 하나님의 인을 받으시고 계시록 해석을 받으신다면 하나님께서 더 기뻐하실 것입니다.

어느 사람의 계시록 해석이 이단 성향인지, 혹은 바르지 못한 해석인지 잘 분별이 안 되거든 언제든지 우리 선교회에 문의하고 검토나 상담을 받으시기 바랍니다. 어느 누구보다 목회자들의 문의는 친절하게 도와 드립니다.

사랑하는 성도 여러분, 요한계시록 해석 얼마나 궁금하십니까? 21세기를 살아가는 우리 성도들은 주님 오실 날이 가까운 때 어떻게 신부 준비를 해야 하는지, 그리고 '큰 환난'이 무엇이며 '큰 환난' 때에 어떻게 대처해 살아야 하는지를 알려면 계시록 해석을 바르게 알아야 합니다.

이제부터 어느 요한계시록 해석이 바른지 여기저기 기웃거리지 않아도 됩니다. 하나님께서 오로지 '펴 놓인 작은 책(계 10장 2절)'을 들고 있는 미카엘(계 10장 1절의 '힘센 다른 천사')

을 통해서 계시록 해석을 풀어 주시기 때문에 안심하시고 받으시면 됩니다.

하나님께서 계시록 해석에 관하여 우리를 가르쳐주는 멘토(Mentor)를 세워 주셨는데, 사람을 세우신 것이 아닙니다. 하나님께서 세우신 계시록 해석의 멘토는 '펴 놓인 작은 책(계 10장 2절)'을 들고 있는 미카엘이나 가브리엘 천사장, 그리고 인 가진 다른 천사(마리아엘 천사)의 세 천사입니다. 그리고 세 천사와 대화를 할 때 통역할 사람으로 하나님께서 엘리야 선교사를 세워 주셨습니다.

특히 현재 한국에 와 있는 가브리엘 천사장은 계시록 1장 1절에서 '그 종 요한에게 보내어' 계시록 내용을 알려 준 바로 '그 천사'인 것을 아시기 바랍니다.

그러므로 '펴 놓인 작은 책(계 10장 2절)'을 들고 있는 미카엘을 통해서 받는 계시록 해석이야말로 이 세상에서 가장 하나님 뜻에 맞는 해석이고 가장 신뢰가 가는 해석인 것을 아시기 바랍니다.

오늘날 '펴 놓인 작은 책(계 10장 2절)'을 들고 있는 미카엘 천사장(계 10장 1절의 '힘센 다른 천사')을 한국에 보내 주시고 계시록의 가장 바른 해석을 공개하고 계시는 우리 하나님께서 찬송과 존귀와 영광과 권능을 영원토록 받으시옵소서.

서울에 와 있는 미카엘 천사장 만나다

제4편

영원한 복음을 전하라

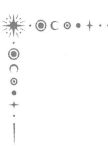

18

천국 복음과 영원한 복음

천국 복음 하면 우리는 주님이 지상 명령으로 주신 구원의 복음으로 알고 있습니다. '영원한 복음'이라는 말은 우리에게 매우 생소합니다. '영원한 복음'이라는 말은 요한계시록 14장 6절에 단 한 번 나오는 말입니다.

"또 보니 다른 천사가 공중에 날아가는데 땅에 거하는 자들 곧 여러 나라와 족속과 방언과 백성에게 전할 영원한 복음을 가졌더라."(계 14장 6절)

요한계시록 14장 6절부터 11절을 보면, 다른 천사인 마리아엘 천사가 전할 '영원한 복음'의 내용이 소개되어 있고, 13절에서는 인 받은 십사만 사천 성도 이외에 나머지 주 안에서 죽은 성도들에게 들려주시는 위로의 말씀이 나옵니다.

계시록 14장 6~11절에서 말하는 '영원한 복음'이란 무엇입니까? 천국 복음과 영원한 복음은 어떻게 다릅니까? '영원한 복음'을 어떻게 받으며, 누가 전할 수 있습니까? '영원한 복음'을 받는 사람들은 누구이며, '영원한 복음'의 내용은 무엇입니까?

천국 복음과 '영원한 복음' 비교

신약 성경에 나오는 최초의 복음은 세례 요한뿐만 아니라 주님께서 "회개하라 천국이 가까이 왔느니라"(요 3장 2절; 4장 17절)라고 전한 천국 복음이었습니다. 세례 요한이 전한 천국 복음은 단순하게 예수 그리스도가 천국의 자체라고 전한 것이고, 예수 그리스도가 전한 천국 복음은 주님을 믿고 따르고 순종하는 자에게 새 생명, 영생, 십자가의 죽음과 부활, 그리고 천국 소유를 갖게 한다는 복음이었습니다.

그러므로 그리스도가 천국 복음의 주체요 그의 죽으심과 그의 살아나심에 대한 소식이 복음의 핵심(고전 15장 3~4절)입니다. 그리스도에 대하여 증거해 주는 '하나님의 말씀'이 복음으로 나타나고 있으며, 이것은 그를 믿는 자에게 영생

서울에 와 있는 미카엘 천사장 만나다

을 주시기 때문입니다.

성경에는 그리스도를 증거해 주는 천국 복음에 대하여 어떤 때는 '**하나님의 복음**(막 1장 14절)'이라고 했고, 또 어떤 곳에서는 '**구원의 복음**(엡 1장 13절)', '**평안의 복음**(엡6장 15절)', '**화평의 복음**(행 10장 36절)', '**영광의 복음**(딤전 1장 11절)' 등으로 표현하고 있습니다.

영원한 복음은 단순하게 영생을 주고 영원한 생명을 준다는 뜻으로 쓰이는 복음이 아닙니다.

영원한 복음이란 21세기 '큰 환난' 중에 있는 성도들에게 주는 종말의 복음으로서, 계시록 10장 2절의 '펴 놓인 작은 책'에 들어 있는 내용이나 메시지이며, 창조나 계시록 등에서 풀지 못한 하늘의 비밀이 들어 있는 복음을 말하고 있습니다.

영원한 복음의 특징은 반드시 성령 하나님께서 계시록 10장 1절의 '힘센 다른 천사'인 미카엘 천사장이나 영원한 복음을 가지고 있는 '다른 천사'인 마리아엘 천사를 통해서 주신 '작은 책' 내용을 알려 주고 있다는 점입니다.

요한계시록은 예수 그리스도께서 장차 일어날 일에 대하여 천사(가브리엘)를 시켜서 요한에게 전하여 준 계시의 말씀이고(계 1장 1절), 모세오경은 하나님께서 모세에게 천사(미카엘)를 보내어 기록하게 한 율법(행 7장 53절)입니다. 마찬가지로 영원한 복음은 성령 하나님께서 '힘센 다른 천사(계 10장 1절)'인 미카엘이나 영원한 복음을 가지고 있는 '다른 천사'를 통하여 주신 '펴 놓인 작은 책(계 10장 2절)'에 들어 있는 내용이나 메시지이므로 하나님의 진리 말씀입니다.

천국 복음과 영원한 복음과의 관계

천국 복음과 영원한 복음, 그리고 그리스도의 복음과 영원한 복음을 비교하면 매우 밀접한 관계가 있으나 몇 가지 다른 점을 보이고 있습니다.

① 천국 복음은 세계 모든 나라와 모든 족속에게 전한다(행 1장 8절). 영원한 복음은 모든 나라와 족속에게 전하지만 집중적으로 십사만 사천이 분포되어 있는 12나라에 전한다(계 7장 5~8절의 12지파).

② 천국 복음은 예수 그리스도가 복음을 전하라고 한 명령을 받은 초대교회 때로부터 주님 재림하실 때까지 전하

나, 영원한 복음은 21세기에 요한계시록 문이 열릴 때(2011년)부터 주님 재림하실 때까지 천국 복음과 함께 전한다.

③ 천국 복음에서는 천국과 낙원을 제대로 구분도 하지 못하고 있고 천국이 어디에 있는지도 알지 못하고 있다. 그러나 영원한 복음에서는 천국과 낙원이 같은 곳이 아니며, 천국은 하늘 보좌가 있는 곳이고 낙원은 주님 재림 때에 심판 받기 위해 대기하는 장소라고 말한다. 또 천국은 지구가 속해 있는 은하계의 바로 가까이에 있는 다른 은하계에 있는 큰 별에 있다고 알려 주고 있다.

④ 천국 복음에서는 지옥, 음부, 무저갱에 대하여 구분을 하지 못하고 있으나, 영원한 복음에서는 음부는 백보좌 심판을 받기 위해 대기하는 곳이고 백보좌 심판을 받은 후에 모두 지옥에 들어간다. 무저갱은 지옥 안에 있는 감옥소와 같은 곳이라고 알려 주고 있다.

⑤ 천국 복음에서는 주 예수를 믿는 성도들은 모두 구원을 받아 천국에 들어간다고 믿고 있다. 그러나 영원한 복음에서는 하나님께서 그리스도인들 중에 하나님의 뜻대로 사는 성도들만을 골라내어 선택적으로 구원해 준다. 특히 인

받은 성도들은 구원받을 자로 생명책에 이름이 기록됨으로써 심판을 받지 않으며 천국으로 바로 들어가는 구원을 받는다.

⑥ 천국 복음만을 받아들이는 성도들은 거의 모두 낙원으로 들어가며 주님 재림하실 때 심판을 받는다. 영원한 복음에서는 낙원 심판을 받을 때, 소수의 성도들만 선택을 받아 천국으로 들어갈 수 있다고 알려 주고 있다. 영원한 복음을 받고 인 받은 성도들은 추수사역 때에 가라지(사단 마귀)를 떼어내고 하나님의 전신갑주 입고 이마에 인을 받았고 또 생명책에 이름이 들어 있으므로 심판을 받지 않으며 모두 천국으로 바로 들어가는 천국 구원을 받는다(딤후 4장 19절).

⑦ 천국 복음만 아는 성도들은 힘써 기도하고 구하여야 성령의 기름 부음을 간혹 경험하지만, 영원한 복음을 믿고 인 받은 성도들은 수시로 성령의 기름 부음이 임하며 성령의 거듭남을 받았다고 말한다.

⑧ 천국 복음만을 받아들이는 성도들은 하나님의 전신갑주를 입지 않고 있으나, 영원한 복음을 믿고 인 받은 성도들은 추수사역 때에 성령 하나님께서 몸 안에 있는 사단 마귀

를 모두 몰아내고 인 가진 천사를 시켜서 하나님의 전신갑주(엡 6장 11절)를 입혀주어 모두 전신갑주를 입고 있다.

⑨ 천국 복음만을 알고 있는 성도들은 주님이 이스라엘 감람산에 공중 재림하시며, 주 예수를 믿는 성도들은 누구나 공중으로 들림을 받아 휴거한다고 잘못 믿고 있다. 영원한 복음에서는 주님이 이스라엘에 재림하는 것이 아니라 백두산(감람산을 백두산으로 해석)에 재림하며 전신갑주 입고 인 받은 성도들만 휴거한다고 말씀하고 있다.

⑩ 천국 복음만을 알고 있는 성도들은 '큰 환난' 때에 짐승이나 베리칩 공격이 심할 때 어떻게 살아갈지 걱정하며 두려워하고 있다. 영원한 복음을 믿고 인 받은 성도들은 하나님께서 가인에게 주었던 '표(창 4장 15절)'와 같은 구실을 하는 **생명 지킴이용 '추수 메달'**을 주어 '큰 환난' 때에 닥치는 각종 재난이나 재앙으로부터 보호해 주고 있으며 하나님께서 천사를 보내어 지켜 주고 있다.

⑪ 천국 복음만을 알고 있는 성도들은 지구의 나이가 어느 정도인지, 창 1장과 2장의 창조가 같은지 다른지, 창세기의 한 날이 몇 년인지, 아담을 언제 창조하였는지 등 창세

기의 비밀에 대하여 전연 풀지 못하고 있다. 영원한 복음에서는 지구의 나이가 35억 년이며, 창 1장에서 거인(신장 4m) 창조가 있었고 창 2장에서 두 번째 창조로 아담과 하와(신장 3m) 창조가 있었다. 창 1장 창조 때의 한 날은 1~2억 년이고 하나님께서 아담을 1,700만 년 전에 창조하셨다고 확실하게 알려 주고 있다.

⑫ 천국 복음에서는 다니엘서에 나오는 1,260일, 1,290일, 2,400일, 1,335일의 해석에 대하여 바르게 해석을 하는 분들이 거의 없다. 영원한 복음에서는 다니엘서나 스가랴서 해석에 있어서 성령 하나님께서 **영원한 복음을 가진 마리아엘 천사(계 14장 6절의 '다른 천사')와 펴 놓인 작은 책(계 10장 2절)을 들고 있는 미카엘 천사장(계 10장 1절의 '힘센 다른 천사')**을 통하여 직접 알려 주고 있으므로 가장 확실한 해석을 받았다.

1,260일은 큰 환난 전반기 기간으로 1,260일 = 42달이고 42년이다(1달을 1년으로 해석함).

1,290일은 적그리스도의 우두머리가 등장하는 시기로서 1,290일 = 1,260일 + 30일이고 42달 + 1달 = 43달. 43달은 43년으로 해석하므로 큰 환난 전반기(42년)후 1년이 지난 때이다.

서울에 와 있는 미카엘 천사장 만나다

2,300일은 주님 재림을 알려 주는 숫자이다. 2,300일 = 1,800일 + 500일로서 큰 환난 후반기(1,800일) 끝난 후 500일 되는 때에 주님이 재림하신다.

1,335일은 아마겟돈 전쟁이 발발하는 시기로서 큰 환난 후반기의 중간 시점이다. 1,335일 = 1260일 + 75일이고 75일 = 60일 + 15일이다. 60일은 2년이고 15일은 반년이므로 2.5년이다. 그러므로 1,335일은 큰 환난의 전반기인 1,260을 지나 큰 환난 후반기의 2.5년 지난 때로서 큰 환난 후반기의 중간 시점이다.

⑬ 천국 복음만을 알고 있는 성도들은 계시록에서 '큰 환난'의 시작 시점이나 전체 기간, 네 생물의 정체, 인자 같은 이 해석, 666표와 베리칩 관계, 황충과 마병대의 정체, 작은 책과 영원한 복음의 의미, 두 증인의 해석, 계시록에서 천사의 등장 등에 대하여 사람마다 해석이 다르고 큰 혼란 속에 있다.

영원한 복음에서는 계시록 해석에 있어서 성령 하나님께서 **영원한 복음을 가진 마리아엘 천사(계 14장 6절의 '다른 천사')와 펴 놓인 작은 책(계 10장 2절)을 들고 있는 미카엘 천사장(계 10장 1절의 '힘센 다른 천사')**을 통하여 직접 알려 주고 있으므로 가장 확실한 해석을 받고 있다.

지금까지 천국 복음과 영원한 복음을 비교하여 살펴본 대로 천국 복음과 영원한 복음은 매우 밀접한 관계가 있습니다.

영원한 복음은 그리스도의 복음이나 천국 복음과 같은 복음이 아닙니다. 영원한 복음은 종말이 되어 하나님께서 창세기로부터 요한계시록에 이르기까지 감추어 둔 하늘의 비밀을 하나님의 사자를 통하여 우리에게 열어 준 복음입니다.

그러므로 영원한 복음은 그리스도의 복음이나 천국 복음을 보완해 주는 복음입니다. 또 영원한 복음은 하나님께서 성경에 감추어 놓은 것들을 열어 줌으로써 그리스도의 복음이나 천국 복음의 후속 복음입니다.

'영원한 복음' 누구에게서 어떻게 받나

구약시대에는 모세가 미카엘을 통해서 모세오경을 받았듯이(행 7장 53절), 마찬가지로 하나님께서 천사를 통해서 영원한 복음을 알려 주고 있습니다.

서울에 와 있는 미카엘 천사장 만나다

우리가 이 영원한 복음을 받으려면 두 가지 방법이 있습니다.

① 하나의 방법은 계시록 10장 1절과 2절에 나오는 대로 '펴 놓인 작은 책(계 10장 2절)'을 들고 있는 '힘센 다른 천사(미카엘 천사장)'에게 물으면 작은 책에 들어 있는 영원한 복음의 말씀을 들을 수 있습니다.

여기에서 '힘센 다른 천사'는 바로 미카엘 천사장을 가리킵니다. 그럼 '작은 책'이란 무엇일까요? 사람들이 작은 책이 무엇인지 잘 모르고 있습니다.

'작은 책'이란 하나님께서 세상 끝 날에 주시는 하늘의 비밀이 들어 있는 두루마리 책이며, 천사들의 추수사역 때에 하나님께서 미카엘을 통해 주시는 하나님의 말씀이나 특별 메시지를 말합니다.

그렇다면 '펴 놓인 작은 책(계 10장 2절)'을 들고 있는 미카엘 천사장을 만나서 물으면 작은 책 내용을 알려 주며 이렇게 받은 말씀이 영원한 복음 내용이 됩니다. 영원한 복음을 받으려면 반드시 미카엘을 만나 물으면 되는데 미카엘은 현재 어디에 있을까요? 현재 우리선교회의 엘리야 선교사와 항상 함께 다니고 있으므로 엘리야 선교사를 만나면 미카엘을 만날 수 있으며, 엘리야 선교사가 미카엘의 말을 통역해 주고 있습니다.

  ② 계 14장 6절에 보면 '다른 천사'가 영원한 복음을 가지고 있기 때문에 '다른 천사'를 만나 영원한 복음에 대하여 묻고 대답을 받는 방법이 있습니다.

"또 보니 다른 천사가 공중에 날아가는데 땅에 거하는 자들 곧 여러 나라와 족속과 방언과 백성에게 전할 영원한 복음을 가졌더라."(계 14장 6절)

  계 14장 6절의 '다른 천사'란 바로 인 가진 마리아엘 천사를 가리킵니다. 계 7장 2절 등 계시록에 나오는 '다른 천사'는 **인 가진 마리아엘 천사**를 지칭합니다.

  그러므로 영원한 복음을 받으려면 성령 하나님께서 인 가진 마리아엘 천사를 통해 주신 말씀을 들으면 됩니다. 현재 마리아엘 천사는 우리선교회의 엘리야 선교사를 시중들고 있으므로 누구든지 엘리야 선교사를 만나서 곁에 있는 마리아엘 천사에게 질문하면 영원한 복음 내용을 받을 수 있습니다.

'영원한 복음' 누가 전하나

구약시대에는 하나님께서 사사나 선지자들을 통해서 하나님의 말씀을 전해 주셨으며(히 1장 1절), 신약시대에는 **"성령의 권능을 받은 자가 내 증인이 되리라"**(행 1장 8절)라는 말씀대로 특별한 권능과 소명을 받은 주의 종들이 그리스도의 증인이 되어 복음을 전하였습니다.

계 14장 6절에 보면 영원한 복음을 전하는 자는 '다른 천사'인 마리아엘 천사가 전한다는 점이 매우 특별합니다. 그러면 마리아엘 천사가 어떻게 성도들에게 영원한 복음을 전할 수 있습니까?

바로 이러한 의문점에 대하여 당사자인 '다른 천사(마리아엘 천사)'에게 "계시록 14장 6절 말씀대로 마리아엘 천사가 직접 영원한 복음을 전합니까?"라고 질문을 했습니다. 마리아엘 천사의 대답은 당연히 자신(마리아엘)이 사람의 모습으로 눈으로 보이게 나타나서 영원한 복음을 구두로 전하고 있다고 대답했습니다. 천사가 사람 몸으로 나타날 때에는 30세의 젊은 얼굴 모습이며 함께 식사도 나누며 전하기도 합니다.

다음으로는 "영원한 복음은 자신과 늘 함께 있는 엘리야 선교사를 통하여 영원한 복음을 전하고, 또 앞으로 두 증인이 이 영원한 복음을 전할 것이며, 추수사역 때에 인침을 받은 십사만 사천 성도들(추가로 더 뽑아준 '삼백만 성도' 포함)이 영원한 복음을 전하게 될 것"이라고 말해 주었습니다.

'영원한 복음'을 누구에게 전하나

"또 보니 다른 천사가 공중에 날아가는데 땅에 거하는 자들 곧 여러 나라와 족속과 방언과 백성에게 전할 영원한 복음을 가졌더라."(계 14장 6절)

계시록 14장 6절 하반 절에 "땅에 거하는 자들 곧 여러 나라와 족속과 방언과 백성에게 전할 영원한 복음을 가졌더라"라고 말씀하고 있습니다.

여기에서 말씀한 여러 나라와 족속과 방언과 백성이란 영원한 복음을 전하게 될 대상을 말하고 있으며, 영원한 복음을 전하게 될 대상 나라는 온 세계에 있는 모든 나라가 아니라, 인 맞을 십사만 사천이 분포되어 있는 12나라(인 맞을 십사만 사천이 있는 이스라엘 12지파)를 뜻하고 있습니다.

계시록 7장 4~8절에 나오는 이스라엘 12지파는 인 맞을 십사만 사천이 있는 이스라엘 12지파가 아니라 영적인 이스라엘로서 인 맞을 십사만 사천이 분포되어 있는 12나라를 뜻하고 있습니다.

구체적으로 영원한 복음을 전하게 될 나라, 곧 인 맞을 십사만 사천이 분포되어 있는 12나라는 유다 지파 - 한국, 르우벤 지파 - 미국, 갓 지파 - 캐나다, 아셀 지파 - 러시아, 납달리 - 브라질, 므낫세 - 프랑스, 시므온 지파 - 이탈리아, 레위 지파 - 이스라엘, 잇사갈 지파 - 호주, 스불론 지파 - 스위스, 요셉 지파 - 영국, 베냐민 지파 - 독일입니다.

영원한 복음은 일차적으로 구원의 복음(행 1장 8절)이 전해진 후에 전해지는 것이 순서가 됩니다. 그러나 세상 끝 날이 임박할 때에는 구원의 복음과 함께 영원한 복음을 동시에 전해야 할 것입니다.

19.
미카엘을 통해 받은 영원한 복음

2006년 12월 24일 미카엘 천사장과 가브리엘 천사장이 서울에 있는 D교회를 방문하고, 11시 예배 시간에 참석하였습니다. 하나님께서 두 천사장을 보낸 것은 엘리야 선교사와 동역자들에게 천사장을 통하여 안수를 하여 능력을 주고자 함이었으며, 두 천사장을 통하여 하나님의 말씀을 알려 주시기 위함이었습니다.

이날 점심을 먹은 후에 엘리야 선교사, 한다니엘, 황○○ 집사 부부와 박○○ 형제 이렇게 5명이 교육관 3층에 모여 하나님께 감사 기도를 드린 후, 대화에 들어갔습니다. 성령 하나님께서 미카엘과 가브리엘 두 천사장을 통하여 요한계시록 10장 2절의 '펴 놓인 작은 책'에 들어 있는 하늘의 비밀을 알려 주셨으며, 그때의 질의응답 내용을 소개합니다.

천지 창조에 대하여

(**Q 1**) 창세기 1장 1절에서 하나님께서 지구를 몇 년 전에 창조한 것입니까?

"태초에 하나님이 천지를 창조하시니라."(창 1장 1절)

(**대답**) 하나님께서 지구를 35억 년 전에 창조하였습니다. 이러한 천지 창조의 시기에 대하여 하나님께서 역사상 처음으로 엘리야 선교사와 한다니엘에게 알려 주셨습니다. 창조 당시에 만든 지구는 거대한 뜨거운 불 덩어리였으며, 오랫동안 점차식어서 지금의 지구 모습이 되었습니다.

과학자들은 지구의 실제 연대를 45.5억 년이라고 추정하고 있습니다. 북미와 그린란드, 호주, 아프리카, 아시아 등 모든 대륙에서 적어도 35억 년 정도의 연대를 가진 암석들이 발견되고 있습니다. 사실 이 35억 년이라는 수치는 과학자들이 지구의 연대를 말할 때 지구 연대의 하한 값으로 알려져 있습니다.

(**Q 2**) 창세기 1장 27절에서 창조한 첫 번째 사람과 창세기 2장 7절에서 창조한 두 번째 사람(아담)은 동일 인물입니까? 창세기 1장과 창세기 2장에서 두 종류의 사람을 창조한 것입니까?

(**대답**) 창세기 1장 27절 **"하나님이 자기 형상 곧 하나님의 형상대로 사람을 창조하시되 남자와 여자를 창조하시고"**에서 사람을 만들 때에 콧속에 생기를 불어넣지 않고 하나님께서 말씀으로 남자와 여자를 같은 날 창조하였습니다. 그리고 창세기 2장 7절에서 아담을 만들 때에는 흙으로 빚은 다음에 콧속에 하나님의 생기를 불어넣어서 만들었으며 이틀 후에 하와를 같은 방법으로 창조하셨습니다. 하나님

께서 창세기 2장에서 만든 아담은 창세기 1장에서 만든 사람과는 다른 종류의 사람이었습니다. 그러므로 창세기 1장에서는 생기를 받지 않은 혼만 있는 사람을 창조하였고, 창세기 2장에서는 생기가 있는 사람인 아담을 창조하셨으므로 창세기 1장과 창세기 2장에서 각각 두 종류의 사람을 창조한 것입니다.

(참고) 창세기 1장과 2장에서 두 종류 사람의 창조에 대한 성경의 근거는 다음과 같습니다.

① 창세기 1장 27절의 사람은 하나님께서 흙을 사용하지도 않았고 생기를 불어넣지 않았고 말씀으로 창조했으나, 창세기 2장 7절의 사람은 창조할 때에 하나님께서 흙으로 만드신 다음에, 콧속에 하나님의 생기를 불어넣어서 '생령(生靈)'이 되게 만들었다.

② 창세기 1장과 2장의 사람에 대한 현격한 차이는 남자와 여자의 창조 시점이다. 창세기 1장 27절에서 첫 번째 사람은 남자와 여자를 동시에 창조했다. 한편 창세기 2장에서 하나님께서 먼저 두 번째 사람인 아담을 창조하시고 동산에 두신 다음, 아담을 잠들게 하고 2일이 지난 후, 아담의 갈비뼈 한 개를 취하여 여자를 만드셨다. 이와 같이 남자와 여자를 만든 시차가 분명하게 다르다.

서울에 와 있는 미카엘 천사장 만나다

③ 창세기 1장에서 만든 사람과 2장에서 만든 사람은 하나님께로부터 받은 복과 식물이 각각 다르다. 창세기 1장의 첫 번째 창조한 사람에게 주신 복은 '**생육하고 번성하여 땅에 충만하라 땅을 정복하라 바다의 고기와 공중의 새와 땅에 움직이는 모든 생물을 다스리라**'(창 1장 28절)라고 하심으로 육체에 대한 복을 더하셨고 창조한 사람이 받은 식물은 '**온 지면의 씨 맺는 모든 채소와 씨 가진 열매 맺는 모든 나무**'(창 1장 29절)였다.

그러나 창세기 2장에서 만든 두 번째 사람 아담에게 주신 식물로는 들에 '**동산 각종 나무의 실과**'(창 2장 16절)를 주었으며, 그에게 주신 복은 에덴동산을 만들어 주시고 그곳을 다스리며 지키게 하신 것이다. 그리고 하나님께서 처음 사람에게는 따먹지 말라는 열매는 없었으나, 두 번째 사람 아담에게는 "**동산 각종 나무의 열매는 네가 임의로 먹되 선악을 알게 하는 나무의 열매는 먹지 말라 네가 먹는 날에는 반드시 죽으리라**"(창 2장 16~17절)라고 명령하시며 말씀에 순종하도록 창조했다.

④ 창세기 1장에서 사람, 동물 및 새들을 창조한 과정과 창세기 2장에서 사람, 동물 및 새들을 창조한 과정과는 큰 차이가 있다. 창세기 1장에서 하나님께서 날개 있는 새들

은 다섯째 날에 창조하였고, 짐승이나 가축들이나 모든 동물들은 여섯째 날에 창조하셨으며, 이러한 새들과 동물들을 창조하신 후에 맨 나중에 사람을 창조하셨다. 반면에 창세기 2장에서는 먼저 아담을 창조하셨고 그 후에 각종 들짐승과 공중의 각종 새를 흙으로 빚게 한 다음 혼을 불어넣어 창조하셨으며, 맨 나중에 하와를 창조하신 것이 다른 점이다.

(Q 3) 창세기 1장에서 만드신 첫 번째 사람과 창세기 2장에서 만드신 아담의 신장은 각각 얼마나 되었습니까?

(대답) 창세기 1장에서 만든 첫 번째 사람의 신장은 4m였고 두 번째 사람 아담의 신장은 3m였습니다.

(Q 4) 하나님께서 창세기 1장 27절에서 처음 만든 거인을 지금으로부터 몇 년 전에 창조한 것입니까?

"하나님이 자기 형상 곧 하나님의 형상대로 사람을 창조하시되 남자와 여자를 창조하시고"(창 1장 27절)

(대답) 하나님께서 아담과 하와를 창조하기 이전에 첫 번째 사람을 3억 5천 년 전에 말씀으로 창조하였습니다.

(Q 5) 창세기 2장 7절에서 하나님께서 두 번째 사람 아담과 하와를 만든 것은 지금부터 몇 년 전입니까?

"여호와 하나님이 흙으로 사람을 지으시고 생기를 그 코에 불어넣으시니 사람이 생령이 된지라."(창 2장 7절)

(대답) 1천 7백만 년 전에 창조했습니다.

(Q 6) 창세기 1장에서 만든 첫 번째 사람 거인은 두 번째 사람인 아담과 어떻게 달랐습니까?

(대답) 첫 번째 사람은 혼만 들어 있는 동물(짐승)과 같은 인간이었습니다. 그들은 하나님께 전연 순종하지 않았으며, 아무런 양심도 없는 사람들이었으나 지능은 높은 편이었습니다. 두 번째 만든 아담과 하와는 하나님의 형상을 닮았으며, 하나님께서 아담을 흙으로 만든 다음, 그의 코에 생기(영혼)를 불어넣어 만들었습니다. 그러므로 아담과 하와 속에는 영이 들어 있었으므로 하나님과 교통함이 있었고, 양심과 지성과 높은 지능을 갖춘 인간으로 만들었습니다.

(Q 7) 첫 번째 인간인 거인의 수명은 얼마였습니까?

(대답) 700~1,000년이었습니다.

(Q 8) 첫 번째 인간인 거인들은 원시인이었습니까? 아니면 어느 정도의 과학 기술과 문명을 가진 사람들이었습니까?

(대답) 원시인은 아니었습니다. 그들은 문자를 사용하였으며, 목재로 집을 짓고 살았습니다. 고고학자들이 1억 년 이상 되는 쇠뭉치를 발견했습니다. 창세기 1장에서 거인들은 활을 만들었으며, 칼과 창과 쇠망치 등 금속 가공을 할 정도의 높은 수준이었습니다.

(Q 9) 첫 번째 인간인 거인들이 살았던 지구 환경은 어떠했습니까?

(대답) 햇빛이 알맞게 비추었고, 강물이 맑고 깨끗하여 그 물을 마셨으며, 아름드리나무들이 울창하였습니다. 당시에는 홍수나 지진이나 태풍 등 천재지변이 일어나지 않았으며, 비는 식물이 잘 자라도록 알맞게 내렸습니다.

(Q 10) 창세기 1장에서 하나님께서 6일째에 공룡과 익룡, 그리고 다

른 동물을 몇 년 전에 창조한 것입니까?

"하나님이 땅의 짐승을 그 종류대로 육축을 그 종류대로 땅에 기는 모든 것을 그 종류대로 만드시니 하나님의 보시기에 좋았더라"(창 1장 25절)

(대답) 그렇습니다. 창세기 1장 5절에서 하나님께서는 공룡과 익룡과 다른 동물들을 지금부터 5억 년 전에 창조하였습니다.

(Q 11) 공룡의 수명은 얼마였습니까?

(대답) 30~40년이었습니다.

(Q 12) 창세기 2장 8절에서 **"여호와 하나님이 동방의 에덴에 동산을 창설하시고…"**라고 하셨는데, 처음에 하나님께서 만드신 에덴동산은 어느 땅에 세웠습니까?

(대답) 창세기 2장 8절에서 '동방'은 대한민국 땅을 가리킵니다. 그러므로 처음에 만든 에덴동산은 대한민국 백두산 근처였습니다. 아담과 하와의 자손들이 죄를 범하기 전에 죽는 사람들이 없었으며, 지구의 땅은 하나였고 매우 많은 인구로 늘어남에 따라 에덴동산의 지역이 넓혀졌으며, 중동 지역에까지 뻗어 나갔습니다.

(Q 13) 창세기 2장 8절에서 보면 하나님께서 아담을 만들 때, 현재의 어느 나라, 어느 산에서 만든 것입니까?

"여호와 하나님이 동방의 에덴에 동산을 창설하시고 그 지으신 사람을 거기 두시고"(창 2장 8절)

(대답) 창세기 2장 8절에서 '동방'은 대한민국이며 백두산을 가리킵니다. 창조 당시 하나님께서 아담을 대한민국 땅 백두산에서 창조하셨습니다. 하나님께서 백두산 아래의 흙으로 아담을 창조하셨습니다.

(Q 14) 창세기 2장 7~8절에서 하나님께서 두 번째 사람 아담을 만들

었을 당시 백두산의 높이는 얼마나 되었습니까?

(대답) 창조 당시 백두산의 높이는 15,000m였으나 그동안 역사상 세 번의 화산 폭발로 인하여 지금과 같이 2,774m로 줄어들었습니다.

(Q 15) 창세기 2장 19절에서 **"여호와 하나님이 흙으로 각종 들짐승과 공중의 각종 새를 지으시고…"**라고 하셨는데, 종류가 매우 많은 다른 모양의 각종 들짐승과 각종 새를 어떻게 지으셨습니까?

(대답) 하나님께서 창조의 뜻을 정하신 후, 일곱 명의 천사장들에게 흙으로 각종 들짐승과 공중의 각종 새를 조각하도록 명령하셨습니다. 이어서 일곱 천사장들은 그 아래에 거느리는 많은 천사들을 동원하여 그 종류별로 제각각 다른 모양으로 흙으로 조각하여 만들도록 했습니다. 그리고 천사들이 만들어 놓은 짐승과 날짐승들에게 하나님께서 일일이 터치하며 혼을 불어넣어 각종 들짐승과 새를 만든 것입니다.

(Q 16) 하나님께서 아담과 하와를 1천 7백만 년 전에 창조하였다면, 창세기 5장 5절에 아담이 930살까지 산 것은 무엇을 뜻합니까?

"그는 구백삼십 세를 살고 죽었더라."(창 5장 5절)

(대답) 아담이 930세를 살았다고 하는 것은 아담이 선악과를 따 먹고 범죄하여 에덴동산에서 지구로 쫓겨난 후부터 살았던 세월입니다.

(Q 17) 아담이 죄를 범하기 전까지 에덴동산에서 살았던 기간은 얼마이며, 실제로 아담이 이 땅에 살았던 기간(수명)은 얼마입니까?

(대답) 아담이 에덴동산에서 쫓겨난 때는 지금으로부터 약 6,000년 전에 일어난 일입니다. 그러므로 아담이 죄를 범하기 전까지 에덴동산에서 살았던 기간은 하나님께서 아담을 창조한 때인 17,000,000년에서 6,000년을 뺀 기간입니다. 즉 17,000,000 - 6,000 = 16,994,000(년)입니다. 그리고 아담이 실제로 이 땅에 살았던 수명은 아담이 죄를 범하기 전까지 에덴동산에서 살았던 기간에 죄를 범한 후에 살았던 기간(930년)을 더하면 됩니다. 16,994,000 + 930 = 16,994,930(년)입니다. 그러므로 아담은 인류 역사상 무려 16,994,930년을 살았으므로 가장 장

수한 사람입니다.

(Q 18) 창세기 1장에서의 하루는 각각 얼마의 기간이었습니까?

(대답) 첫째 날은 2억 년, 둘째 날은 2억 년, 셋째 날은 2억 년, 넷째 날은 1억 5천 만 년, 다섯째 날은 1억 5천 만 년, 여섯째 날은 1억 5천 만 년, 일곱째 날은 1억 년 미만이었습니다.

(Q 19) 창세기 2장에서 하나님께서 천지 만물을 두 번째 창조하셨습니다. 창세기 2장에서 창세기 1장 2절부터 23절까지의 창조의 기록은 생략이 되었으나, 창세기 2장에서도 주 하나님께서는 모든 우주 만물을 6일 동안에 창조하셨으며, 창조 사역을 끝내시고 일곱째 날에 안식하셨습니다. 창세기 2장에서의 하루는 각각 얼마의 기간이었습니까?

(대답) 첫째 날은 10,000년, 둘째 날은 7,000년, 셋째 날은 5,000년, 넷째 날은 3,000년, 다섯째 날은 2,000년, 여섯째 날은 1,000년, 일곱째 날은 1,000년 미만이었습니다. 그러므로 첫째 날부터 일곱째 날까지의 기간은 약 29,000년입니다.

(Q 20) 창세기 2장 17절에 "선악을 알게 하는 나무의 실과는 먹지 말라. 네가 먹는 날에는 정녕 죽으리라 하시니라" 하였습니다. 왜 아담은 하나님께 죄를 범한 직후에 바로 죽지 않았습니까?

(대답) 에덴동산에서 아담이 쫓겨났을 때에 하나님과의 관계가 단절되었으므로 영적으로 죽은 상태가 되었습니다. 또 하나님께서 아담과 하와를 금방 죽지 않게 하셨으나, 그 대신에 일정한 수명을 주어 죽게 했습니다. 아담은 창조 때부터 에덴동산에서 쫓겨나기 전까지 에덴동산에서 수없이 많은 자손을 낳고 살고 있었으나 그때까지 그의 자손들은 아무도 죽는 일이 없었습니다. 그러나 아담이 선악을 알게 하는 나무의 실과를 따먹은 후에 에덴동산에서 살았던 후손들에게도 죽는 일이 생겨나 모두 죽었으며 그 후 모든 인류는 죽음을 맛보게 되었습니다.

서울에 와 있는 미카엘 천사장 만나다

구약 성경에 대하여

(Q 21) 창세기 6장 13~14절에 하나님께서 노아에게 모든 혈육 있는 자가 강포하므로 그들을 땅과 함께 멸하리라고 말씀하시고 잣나무로 방주를 지으라고 명령하셨습니다.

"13. 하나님이 노아에게 이르시되 모든 혈육 있는 자의 강포가 땅에 가득하므로 그 끝 날이 내 앞에 이르렀으니 내가 그들을 땅과 함께 멸하리라 14. 너는 잣나무로 너를 위하여 방주를 짓되 그 안에 간들을 막고 역청으로 그 안팎에 칠하라"(창 6장 13~14절)

① 당시 노아는 어느 나라에 살고 있었습니까?

(대답) 노아는 백두산 근처에 살았습니다. 노아는 고대 한국 사람의 조상이었습니다.

② 노아가 만든 방주는 어느 산에서 만들었습니까? 그 산 몇 m 높이에서 만들었습니까?

(대답) 노아는 백두산에서 방주를 만들었습니다. 창조 당시 백두산의 높이는 15,000m였으며 노아는 9,000m 높이에서 방주를 만들었습니다.

(Q 22) 창세기 1장 14절에 보면 하나님께서 천지를 창조하셨을 당시에 낮과 밤의 길이가 같고 또 계절의 변화가 없었습니까?

"하나님이 이르시대 하늘의 궁창에 광명체들이 있어 낮과 밤을 나뉘게 하고 그것들로 징조와 계절과 날과 해를 이루게 하라."(창 1장 14절 개역개정)

(대답) 네, 그렇습니다. 그 당시에는 낮과 밤의 길이가 같고 또 계절의 변화가 없었습니다.

(**Q 23**) 노아 홍수 전까지 지구의 자전축이 기울어지지 않았습니까?

(**대답**) 네, 그렇습니다. 자전축이 기울어지지 않았습니다.

(**Q 24**) 창세기 8장 22절에 보면 노아 홍수 전에 사계절이 있었습니까? 홍수 직후부터 사계절이 생겨났습니까?

"땅이 있을 동안에는 심음과 거둠과 추위와 더위와 여름과 겨울과 낮과 밤이 쉬지 아니하리라."(창 8장 22절)

(**대답**) 노아 홍수 전에는 사계절이 없었으나 노아 홍수 직후부터 사계절이 생겨났습니다.

(**Q 25**) 노아 홍수 직후에 어떻게 하여 지구에 사계절이 생겼습니까?

(**대답**) 노아 홍수 때 하늘의 대기층에 있던 많은 물이 지구로 한꺼번에 쏟아져 내렸으며, 이때 많은 물이 바다로 한데 모아지면서 지구의 무게 중심이 흔들렸으며 결국 지구의 자전축이 23.5° 기울게 되었기 때문에 지구에 사계절이 생겨나게 되었습니다.

(**Q 26**) 창세기 11장 1절에 **"온 땅에 구음이 하나이요 언어가 하나이었더라"**라고 기록하고 있습니다. 온 세상에 그때 사용한 하나의 언어는 무엇이었습니까? 고대 한국 땅에서도 같은 언어를 사용했습니까?

(**대답**) 온 세상에서 사용한 언어는 영어였습니다. 고대 한국에서도 영어를 사용했습니다.

(**Q 27**) 창세기 11장 2~5절에 시날 평지에 세웠던 바벨탑의 높이는 얼마나 되었습니까?

(**대답**) 약 1,500m였습니다. 인류 역사상 지금까지 세운 건축물 중에 가장 높은 것입니다.

서울에 와 있는 미카엘 천사장 만나다

(Q 28) 신명기 18장 15절에 보면, **"네 하나님 여호와께서 너의 중 네 형제 중에서 나와 같은 선지자 하나를 너를 위하여 일으키시리니 너희는 그를 들을지니라"**라고 기록하였습니다. 여기에서 '나와 같은 선지자'는 누구입니까?

(대답) 일차적으로 이스라엘 백성 중에 일어난 모든 선지자(모세를 포함)를 가리키지만 궁극적인 의미로는 온 인류의 대제사장이시며 영원한 왕이시고 참 선지자 되시는 예수 그리스도를 나타내는 말입니다.

(Q 29) 여호수아서는 누가 기록한 책입니까?

(대답) 갈렙이 기록하였습니다.

(Q 30) 룻기는 누가 기록한 책입니까?

(대답) 룻기는 이름 모르는 어떤 사람이 기록하였으며, 미카엘 천사장이 기록하는 것을 도와주었습니다.

(Q 31) 사무엘서는 누가 기록한 책입니까?

(대답) 사무엘이 기록하였습니다.

(Q 32) 느헤미야서는 누가 기록한 책입니까?

(대답) 느헤미야가 기록하였습니다.

(Q 33) 에스더서는 누가 기록한 책입니까?

(대답) 에스더가 기록하였습니다.

(Q 34) 예레미야 선지자는 예레미야서, 열왕기상, 열왕기하, 그리고 예레미야 애가를 기록하였다고 하는데 맞습니까?

(대답) 그렇습니다. 예레미야가 네 책을 썼습니다.

(Q 35) 다윗 왕은 전쟁과 같은 중요한 일이 생기면 꼭 하나님께 기도하여 응답을 받고 행동하였습니다. 사무엘하 5장 19절, **"다윗이 여호와께 물어 가로되 내가 블레셋 사람에게로 올라가리이까 여호와께서 저희를 내 손에 붙이시겠나이까. 여호와께서 다윗에게 말씀하시되 올라가라 내가 단정코 블레셋 사람을 네 손에 붙이리라 하신지라"**라는 기록이 있습니다. 다윗이 기도하자마자 곧 하나님의 응답이 있었는데 어떻게 된 것입니까?

(대답) 다윗에게는 약 30명의 천사들이 시중들고 있었습니다. 다윗은 수시로 천사들과 대화를 나누는 은사를 가진 사람이었습니다. 그러므로 다윗이 기도할 때마다 하나님께서 천사들을 통하여 금방 답을 해 주셨기 때문에 응답을 쉽게 받았습니다.

(Q 36) 욥기서 1장 6절에 보면 **"하루는 하나님의 아들들이 와서 하나님 앞에 섰고, 사단도 그들 가운데 왔느니라"**라고 기록하였습니다. 사단이 하나님 앞에 서 있을 수 있습니까? 이 사단은 누구였습니까?

(대답) 하나님께서 사단을 부르시면 그는 하나님 앞에 서 있을 수 있습니다. 이 사단은 루시퍼였습니다.

(Q 37) 다니엘 10장 5절에서 **"그때에 내가 눈을 들어 바라본즉 한 사람이 세마포 옷을 입었고 허리에는 우바스 순금 띠를 띠었더라"**라고 기록하였습니다. 다니엘이 본 이 사람은 누구였습니까?

(대답) 미카엘 천사장입니다.

(Q 38) 다니엘 10장 10절에서 **"한 손이 있어 나를 어루만지기로 내가 떨었더니 그가 내 무릎과 손바닥이 땅에 닿게 일으키고"**라고 기록

서울에 와 있는 미카엘 천사장 만나다

하였습니다. 다니엘을 일으켜 세운 이 손은 누구의 손이었습니까?

(대답) 그것은 가브리엘 천사장의 손이었습니다.

신약 성경에 대하여

(Q 39) 누가복음 11장 32절에 "심판 때에 니느웨 사람들이 일어나 이 세대 사람을 정죄하리니 이는 그들이 요나의 전도를 듣고 회개하였음이거니와 요나보다 더 큰 이가 여기 있느니라"라고 기록하였습니다. 니느웨 사람들의 영혼은 지금 어디에 있습니까?

(대답) 당시 니느웨 사람들의 영혼들은 모두 구원을 받았으며 지금 낙원에 있습니다. 니느웨 사람들 중에 요나의 전도를 듣고 회개한 사람들의 영혼은 주 예수님의 심판을 받은 다음 선택받은 자들은 모두 구원을 받을 것입니다.

(Q 40) 요한복음 14장 2절에 "내 아버지 집에 거할 곳이 많도다. 그렇지 않으면 너희에게 일렀으리라 내가 너희를 위하여 처소를 예비하러 가노니"라고 기록하였습니다. 천국에 집이 많이 있다는 뜻입니까?

(대답) 그렇습니다. 우리가 세상 떠날 때 들어갈 천국이 반드시 있으며 천국에도 구원받을 성도들이 살 집이 많이 있습니다.

(Q 41) 주 예수께서 십자가에 달리셨을 때에 두 강도 중 한 사람이 "예수여 당신의 나라에 임하실 때에 나를 생각하소서"라고 말할 때,

예수께서 "오늘 네가 나와 함께 낙원에 있으리라"(눅 23장 42~43절)라고 말씀하셨습니다. 낙원과 천국이 같은 곳입니까? 주님과 그 강도는 지금 어디에 있을까요?

(대답) 우편에 달린 강도는 현재 주님과 함께 천국에 들어가 있습니다. 누가복음은 23장 43절에서 주 예수께서 분명하게 "오늘 네가 나와 함께 천국에 있으리라"라고 말씀하셨으나, 어느 필사자가 천국과 낙원이 같다고 착각하여 "오늘 네가 나와 함께 낙원에 있으리라"라고 잘못 기록하였으며, 결국 필사 오류입니다.

(Q 42) 천국과 낙원은 어떻게 다릅니까?

(대답) 낙원과 천국은 전연 다른 곳입니다. 천국은 하늘 보좌가 있고 거룩한 하나님께서 계신 곳입니다. 그리고 낙원은 그리스도인들의 영혼이 주님 재림할 때까지 심판 받기 위해 대기하는 곳입니다.

(Q 43) 구원받은 성도가 들어가는 천국은 어디에 있습니까?

(대답) 천국은 지구와 태양계가 속해 있는 은하계에서 가장 가까운 다른 은하계에 있습니다.

(Q 44) 주 예수께서 누가복음 20~21절에 말씀한 대로 현재 천국이 성도의 마음 안에 있습니까? 이 말씀에 대하여 어떻게 해석하여야 합니까?

"…하나님의 나라는 볼 수 있게 임하는 것이 아니요 또 여기 있다 저기 있다고도 못 하리니 하나님의 나라는 너희 안에 있느니라."(눅 17장 20~21절)

(대답) "하나님 나라는 너희 마음에 있으니라"라는 말씀은 마태복음 12장 28절의 말씀과 관련하여 해석을 해야 합니다. "그러나 내가 하나님의 성령을 힘입어 귀신을 쫓아내는 것이면 하나님의 나라가 이미 너희에게 임하였느니라."(마 12장 28절; 눅 11장 20절) 예수 그리스도께서 병든 사람들에게 안수를 하면, 그들의 몸에

서울에 와 있는 미카엘 천사장 만나다

붙어 있는 사단이나 마귀, 귀신 등 악한 영들이 모두 떨어져 나가게 되었으며, 이때 성도에게 악한 영들이 들어 있지 않은 상태가 되며 동시에 질병도 치유가 되었습니다. 이때 예수 그리스도께서는 이 성도의 몸에 전신갑주를 입혀서 이후부터는 어떠한 사단이나 마귀가 그 성도의 몸에 들어오지 못하도록 막아 주었으며, 또한 이 성도가 죽을 때 하나님의 나라가 임하여 있는 상태이므로 중간 천국인 낙원에 들어가지 않고 직접 하늘나라로 들어가게 되었습니다. 21세기에도 이와 같이 성도들에게 하나님의 나라가 임하여 있는 성도들이 있습니다. 이는 인치는 추수사역에 와서 엘리야 선교사와 인 가진 천사와 악수하면 악한 영들이 모두 떨어져 나가고 전신갑주를 입혀 주므로 하나님의 나라가 임하게 되고, 심령 천국이 이루어지며 죽을 때 직접 천국에 들어가게 됩니다.

(Q 45) 현재 천국에 들어가 있는 성도가 있습니까? 성경에 어떤 근거 되는 말씀이 있습니까?

(대답) 천국에는 에녹, 엘리야와 아브라함과 이삭과 야곱을 위시하여 현재 수많은 성도들이 들어가 하나님과 함께 살고 있습니다. 누가복음 13장 28절에 보면, "너희가 아브라함과 이삭과 야곱과 모든 선지자는 하나님 나라에 있고 오직 너희는 밖에 쫓겨난 것을 볼 때에 거기서 슬피 울며 이를 갊이 있으리라"라고 기록이 되어 있습니다.

(Q 46) 천사들이 지구까지 날아오는 데 어떤 경로가 있습니까? 일반 천사들이 천국에서 지구까지 오는 데 얼마나 걸립니까?

(대답) 천사들이 천국을 떠나 지구까지 오는 경로는 천국 → 낙원 → 명왕성 → 지구입니다. 그리고 천사들이 천국에서 지구까지 오는 데 하루가 걸립니다.

(Q 47) 그리스도인들이 예수 그리스도의 재림을 기다리며 대기하는 낙원은 어디에 있습니까?

(대답) 지구와 천국 사이의 거의 중간 위치에 있습니다.

(Q 48) 음부와 지옥은 어떻게 다릅니까?

(대답) 음부는 주 예수 믿지 않는 모든 사람들의 영혼이 백 보좌 심판을 받기 전까지 대기하는 곳이며, 지옥은 음부에서 대기한 영혼들이 백 보좌 심판을 받은 후 무서운 형벌을 받고 영원히 거하는 곳입니다.

(Q 49) 지옥과 무저갱은 어떻게 다릅니까?

(대답) 지옥은 큰 별 안에 위치해 있고, 무저갱은 지옥 안에 있으며, 일종의 형무소(감옥소)와 같은 곳입니다. 믿지 않는 영혼들이 지옥에 들어가지만 실제로는 무저갱에 들어가며 사단 마귀로부터 영원토록 무서운 형벌을 받는 곳입니다.

(Q 50) 예수 그리스도를 믿지 않는 사람들이 가는 음부와 지옥은 어디에 있습니까?

(대답) 음부는 낙원에서 멀리 떨어져 있는 큰 별에 있으며, 지옥은 음부에서 비교적 가까운 곳에 있습니다. 천사들이 지구에서 지옥까지 가는 데 걸리는 시간은 10시간 이내의 거리입니다.

서울에 와 있는 미카엘 천사장 만나다

20

천사를 통해 하나님의 말씀을 받는다

하나님께로부터 직접 하늘의 언어로 하나님의 음성을 듣는 사람은 극히 드문 일입니다. 보통 목회자들은 누구나 하나님의 말씀이나 하나님의 음성을 성령님을 통해서 듣고 있습니다.

그나마도 성령님을 통해 하나님의 말씀을 받은 사람들은 영으로 말씀을 듣거나, 마음으로 내적 음성을 듣는 경우가 대부분입니다.

성경 66권은 어떻게 하여 기록하게 되었을까? 성경 66권의 흐름이 일관성이 있고 마치 하나님께서 직접 기록한 것처럼 권위가 있는 이유는 어디에 있을까요?

모세오경은 누가 받아 기록자에게 전달하였나

하나님께서 선지자들에게 말씀을 전할 때에는 하나님께서 직접 말씀하실 때도 있으나 대부분 하나님께서 천사를 통해 전달하고 있습니다. 그 대표적인 예가 바로 요한계시록과 모세오경입니다.

★ 요한계시록

요한계시록 1장 1절에 보면 사도 요한에게 계시록 내용을 일러준 분은 천사라고 분명하게 기록하고 있습니다. 그래서 요한은 그토록 어려운 요한계시록을 천사에게서 받은 대로 기록했습니다.

"예수 그리스도의 계시라 이는 하나님이 그에게 주사 반드시 속히 될 일을 그 종들에게 보이시려고 그 천사를 그 종 요한에게 보내어 지시한 것이라."(계 1장 1절)

계시록 10장 2절 '펴 놓인 작은 책'에서 알려준 해석에 의하면 하나님의 말씀을 받아 사도 요한에게 요한계시록 내용을 전한 천사는 '가브리엘 천사장'이라고 알려 주었습니다. 요한계시록의 말씀을 전달하는 과정을 보면, 하나님 → 예수 그리스도 → 가브리엘 → 사도 요한이었습니다.

그러니까 하나님께서 처음에 장차 속히 될 계시의 말씀을

서울에 와 있는 미카엘 천사장 만나다

예수 그리스도에게 주었고 다음에는 예수 그리스도께서 천사(가브리엘 천사)에게 알려 주었으며, 가브리엘 천사장이 요한에게 일러 준 것입니다.

★ 모세오경

모세오경은 창세기, 출애굽기, 레위기, 민수기, 신명기로서 5권입니다. 천지 창조로부터 시작하여 이스라엘 민족의 초창기 역사를 어떻게 그렇게 소상하게 기록할 수 있었을까요?

사도행전 7장 53절 말씀을 보면 하나님께로부터 받은 율법을 모세에게 전한 자는 분명하게 천사라고 말씀하고 있습니다. 여기에서 모세가 받은 율법이란 바로 모세오경을 뜻하고 있습니다.

"너희가 천사의 전한 율법을 받고도 지키지 아니하였도다 하니라."(행 7장 53절)

계시록 10장 2절 '펴 놓인 작은 책'에서 알려준 해석에 의하면 하나님의 말씀을 받아 모세에게 전한 천사는 '미카엘 천사장'이라고 알려 주었습니다.

모세가 어떻게 하여 창세기, 출애굽기, 레위기, 민수기, 신명기를 기록할 수 있었을까요? 행 7장 53절 말씀대로 하나님께서 모세에게 미카엘 천사장을 보내어 모세오경을 기록하게 한 것입니다.

하나님의 말씀을 누가 받아 선지자에게 전하나

구약 성경 여러 책에 보면 **"여호와의 말씀이 선지자에게 임하였다"**라고 기록된 책이 여러 곳에 나옵니다. 그렇게 기록한 예레미야, 에스겔, 호세아, 요나, 스바냐, 및 스가랴 선지자는 하나님의 말씀을 어떻게 받았다는 말입니까?

"갈대아 땅 그발강 가에서 여호와의 말씀이 부시의 아들 제사장 나 에스겔에게 특별히 임하고 여호와의 권능이 내 위에 있으니라."(에스겔 1장 3절)

"…브에리의 아들 호세아에게 임한 여호와의 말씀이라."(호세아 1장 1절)

"여호와의 말씀이 아밋대의 아들 요나에게 임하니라 이르시되"(요나 1장 1절)

"아몬의 아들 유다 왕 요시아의 시대에 스바냐에게 임한 여호와의 말씀이라."(스바냐 1장 1절)

"다리오왕 이년 팔월에 여호와의 말씀이 잇도의 손자 베레야

의 아들 선지자 스가랴에게 임하니라 가라사대"(스가랴 1장 1
절)

상식으로 생각할 때에도 '여호와의 말씀이 선지자에게 임
하였다면' 어떻게 하나님의 말씀이 선지자에게 임했다는 말
입니까? 어떤 말을 전할 때에는 사람이 다른 사람에게 전하
든지, 아니면 하나님께서 직접 선지자에게 전하든지 해야
어떤 의사소통이 있게 될 것입니다.

우선 예레미야 36장 1절을 보면, 예레미야 선지자도 하나
님께로부터 직접 말씀을 듣지 못하고 **"…여호와께로서 예레
미야에게 말씀이 임하여 가라사대"**라고 기록하고 있습니다.

**"유다 왕 요시야의 아들 여호야김 사년에 여호와께로서 예레미
야에게 말씀이 임하니라 가라사대"(렘 36장 1절)**

"In the fourth year of Jehoiakim son of Josiah king of Judah,
this word came to Jeremiah from the LORD."(렘 36장 1절 NIV)

분명하게 NIV 성경을 보아도 주님께로부터 "이 말씀이
예레미야에게 왔다", "…this word came to Jeremiah from
the LORD"라고 기록하고 있습니다. 문제는 어떻게 말씀이
사람에게 온다는 말입니까? 이 말은 누군가가 하나님의 말
씀을 받은 자가 예레미야에게 와서 전하였다는 뜻일 것입
니다.

그렇다면, 하나님에게서 말씀을 받아 가지고 예레미야에

게 전한 자는 누구이었을까요? 하나님께로부터 받은 율법
(모세오경)을 모세에게 전한 자는 미카엘 천사장인 것과 마찬
가지로 예레미야에게 하나님의 말씀을 전한 자도 천사였을
것입니다.

계시록 10장 2절 '펴 놓인 작은 책'에서 알려준 해석에 의
하면 하나님께로부터 하나님의 말씀을 받아 예레미야에게
전한 천사는 '미카엘 천사장'이라고 알려 주었습니다.

그러니까 하나님께서 미카엘 천사장에게 전할 말씀을 알
려주고, 말씀을 받은 미카엘이 예레미야에게 가서 그 말씀
을 전하는 과정을 밟았습니다. 하나님의 말씀을 전달하는
과정을 보면, 하나님 → 미카엘 → 예레미야였습니다.

여기에서 매우 중요한 것은 선지자들이 천사를 통해서 하
나님의 말씀을 들으려면, 우선 그 선지자가 천사를 눈으로
보기도 하고 대화를 나눌 수 있어야 한다는 점입니다. 이와
같이 천사를 눈으로 보기도 하고 대화도 나누며, 하나님의
말씀을 받은 선지자는 에스겔, 호세아, 요나, 스바냐, 스가
랴 및 예레미야 등 선지자가 여기에 속합니다.

그리고 천사를 눈으로 볼 수는 없더라도 천사와 대화만
나눌 수 있는 은사를 받는 선지자들도 천사를 통해 하나님
의 말씀을 받을 수 있습니다. 이런 경우, 천사와 대화로 받
거나 마음으로만 하나님의 말씀을 받은 선지자들은 '묵시'

로 받은 선지자들이며 여기에 속한 선지자들은 아모스, 오바댜, 미가, 나훔, 하박국 선지자 등이 있습니다.

왜 '여호와의 말씀이 임하여 가라사대'인가

선지자들이 하나님께로부터 직접 말씀을 듣지 못하고 천사를 통해 전해준 말씀을 "…여호와의 말씀이 임하여 가라사대"라고 기록하게 한 이유가 있습니다.

만약 예레미야 선지자가 하나님께로부터 천사를 통해 주신 말씀을 받았을 경우, "…여호와께로서 예레미야에게 말씀이 임하여 가라사대"라고 기록하지 않고 "여호와께서 말씀을 받은 천사를 예레미야에게 보내어 말씀하여 가라사대…"라고 기록을 해야 할 것입니다.

그렇게 기록하면 예레미야서나 에스겔, 호세아, 요나, 스바냐, 스가랴 등 여러 성경에는 '여호와의 말씀을 받은 천사'라는 말을 필요한 곳마다 여러 곳에 소개한 다음에 기록해야 합니다.

그런 성경이 등장한다면 사람들이 천사에 대하여 흠모하

게 되고 천사를 숭배할 가능성이 많기 때문에 하나님께서는 이를 아시고 의도적으로 "…**여호와께로서 말씀이 임하여 가라사대**"라고 기록하도록 하신 것입니다.

천사로부터 하나님의 말씀을 받은 대부분의 선지자는 직접 두루마리에 받은 말씀을 기록했습니다. 그러나 몇몇 선지자는 그에게 별도로 기록할 사람을 두어 기록하는 경우가 있었습니다.

예레미야 36장 4절에 보면 예레미야가 미카엘 천사장으로부터 받은 말씀을 바룩을 시켜서 기록하게 한 것을 알 수 있습니다.

"이에 예레미야가 네리야의 아들 바룩을 부르매 바룩이 예레미야의 구전대로 여호와께서 그에게 이르신 모든 말씀을 두루마리 책에 기록하니라."(렘 36장 4절)

무려 약 280만 명이나 되는 이스라엘 백성(이방인 포함)을 애굽에서 가나안 땅으로 인도한 모세의 경우, 모세오경을 하나님께로부터 받을 때 미카엘 천사장을 통하여 받았으나, 모세는 받은 말씀이 너무 많기 때문에 그의 곁에 기록자를 두어 활용했습니다.

계시록 10장 2절 '펴 놓인 작은 책'에서 알려준 해석에 의

하면 모세가 미카엘 천사장으로부터 받은 말씀을 기록할 때, 도와준 사람은 바로 '여호수아'였다고 합니다. 특히 신명기 34장 1~5절을 보면 모세가 죽은 후의 기록이 나오는데 신명기 34장은 기록자인 여호수아가 신명기 후기처럼 기록한 내용입니다.

또 요한계시록을 기록한 사도 요한의 경우, 요한 사도가 나이 많을 때 기록을 할 때에는 곁에 기록자를 두어 기록을 돕도록 했다고 합니다. 사도 요한이 계시록을 받아 기록할 때 도와준 사람은 일곱 집사 중 한 사람인 '브로고로 집사'라고 전해지고 있습니다.

천사를 통해 하나님의 말씀을 받고 있다

구약시대의 많은 선지자들은 하나님께로부터 직접 하나님의 음성을 받아 기록할 때도 있었으나 대부분은 말씀을 받을 때, 하나님의 말씀을 가지고 온 천사를 통해 받았던 것을 알 수 있었습니다.

그렇다면, 21세기에도 그와 같은 방법으로 하나님의 말씀을 천사를 통해 받는 사람이 있을까요?

매우 중요한 것은 구약의 선지자처럼 천사를 통해 말씀을 받으려면 하나님께로부터 특별한 소명을 받은 사람이어야 하며, 그리고 천사를 눈으로 보고 동시에 대화도 할 수 있거나, 천사를 눈으로 볼 수는 없을지라도 천사의 음성을 들을 수 있는 사람이어야 합니다.

특히 종말에 때가 되어 요한계시록에 예언한 대로 천사들의 대부분이 현재 모두 한국에 와 있으며 그들이 주님 재림을 준비하고 있습니다.

첫째 인을 뗄 때에 하나님께서 2011년에 흰말을 탄 미카엘 천사장을 한국에 보내셨으며(계 6장 1~2절), 또한 계시록 10장 2절에 기록한 대로 '펴 놓인 작은 책'의 내용을 세상에 공개하기로 작정하셨습니다.

'펴 놓인 작은 책(계 10장 2절)'에서 '펴 놓았다'라는 말은 공개한다는 뜻이며, 21세기에 들어와 세상 끝 날이 다가오자 봉함해 둔 '작은 책'을 '힘센 다른 천사(계 10장 1절)'인 미카엘을 통해 공개하기로 작정하신 것입니다.

현재 수시로 미카엘을 눈으로 보고 대화를 하고 있는 엘리야 선교사(한국 사람)가 있으며, 하나님께서 그에게 미카엘로부터 '작은 책'에 들어 있는 내용을 받아서 공개하라고 명령하셨습니다.

서울에 와 있는 미카엘 천사장 만나다

매우 특이한 점은 구약의 선지자들은 하나님께서 천사를 통해 일방적으로 주신 말씀을 받아서 이스라엘 사람들에게 선포를 하였으나, 21세기에 '펴 놓인 작은 책' 공개는 엘리야 선교사가 질문한 것만 미카엘이 대답해 주도록 하고 있는 점이 다릅니다.

몇 년 전에 엘리야 선교사의 통역으로 미카엘 천사장에게 아가서에 나오는 '술람미 여인'이 누구인가를 물었는데 그는 '펴 놓인 작은 책(계 10장 2절)'의 해석을 따라 '술람미 여인이 바로 스바 여왕'이라고 답해 주었습니다.

이어서 한 질문에서 아가서는 솔로몬 왕과 스바 여왕 사이에 벌어진 세기의 사랑 이야기이며, 전도서는 스바 여왕이 어려운 질문을 한 것을 솔로몬 왕이 대답해 준 것을 모아 기록한 것이라고 답해 주었습니다. 참으로 놀라운 해석을 알려 주었습니다.

'펴 놓인 작은 책(계 10장 2절)'을 들고 있는 미카엘 천사장(힘센 다른 천사)를 통하여 하나님께서 처음으로 이 세상에서 아무도 모르는 하늘의 비밀을 알려 주고 있습니다.

성경에 난제가 있습니까? 요한계시록에 어려운 해석이 있습니까? 창조나 에스겔서나 스가랴 해석을 알고 싶습니까? SMG선교회에 문의하면 서울에 와 있는 미카엘 천사장을 통해 '펴 놓인 작은 책' 내용의 해석으로 알려 줄 수 있습니다.